物《もの》語《がたり》で楽《たの》しむ

歴《れき》史《し》が変《か》わったあの一瞬《いっしゅん》 1

古《こ》代《だい》編《へん》

作◉早野美智代

教育画劇

古代《こだい》編《へん》　もくじ

この本にある三つのお話は、史実《しじつ》にもとづく歴史上《れきしじょう》のことがらを基本《きほん》に、フィクションをまじえてよみやすくまとめたものです。

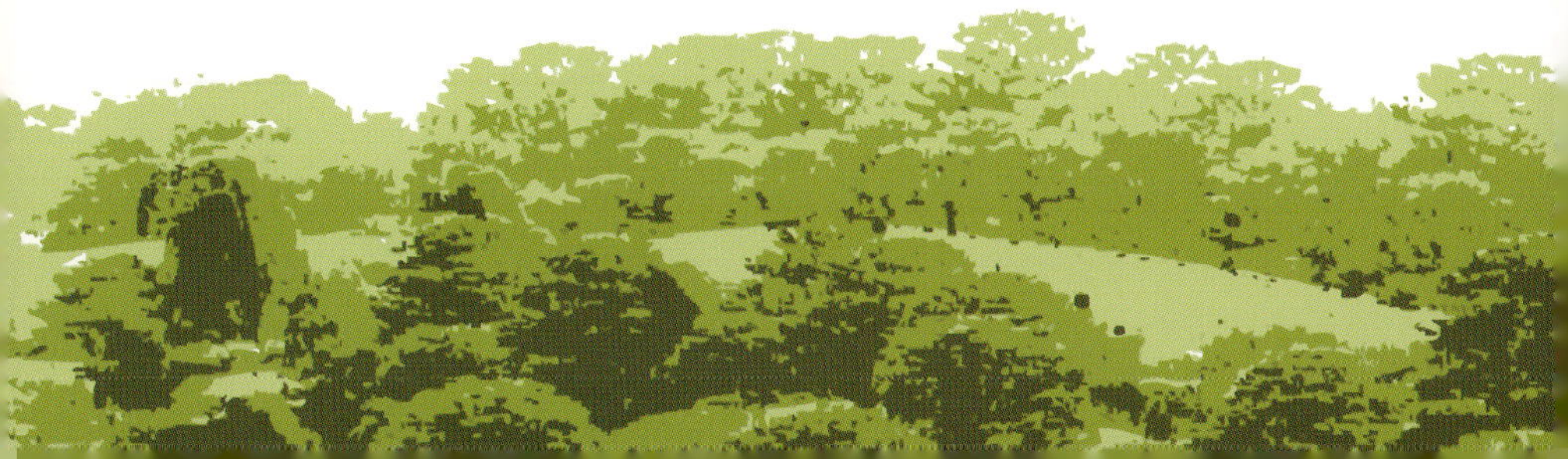

時代を知ろう

いにしえの日本のすがた

縄文《じょうもん》から弥生《やよい》、古墳《こふん》時代をへて飛鳥《あすか》時代へ。日本のあけぼの期《き》のすがたとは？

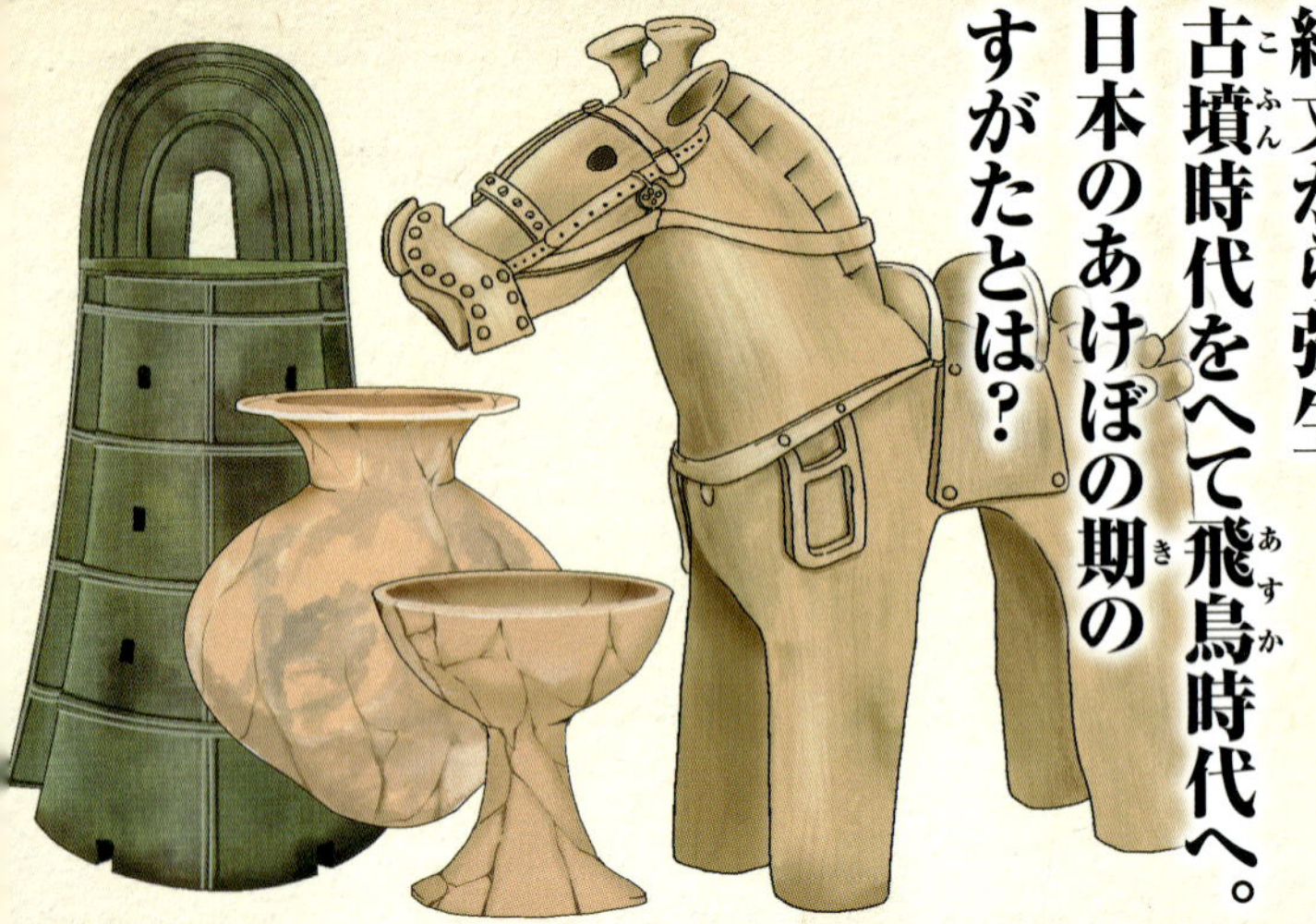

ムラからクニへ

縄文《じょうもん》時代、人々は木の実やけものの肉をとってくらしていた。弥生《やよい》時代になると、アジア大陸《たいりく》から米づくりがつたわってきた。米づくりでいつも安定して食料《しょくりょう》がえられるようになると、人々は水田のまわりなど、ひとつの場所にとどまってくらしはじめる。

稲作《いなさく》がさかんになり、米をたくわえるようになると、貧富《ひんぷ》の差《さ》ができてくる。そして、土地や水田の水をめぐって、ムラどうしのあらそいが生まれる。強いムラは弱いムラを支配《しはい》して大きくなり、やがて小さなクニとなる。

二世紀《せいき》なかばにあらわれた邪馬《やま》台国《たいこく》は、そのようなクニのひとつであった。そしてこのころの日本は、倭《わ》の国とよばれた。

大王《おおきみ》の誕生《たんじょう》

四世紀《せいき》になると、近畿《きんき》地方に大《おお》王《きみ》を中心とする勢力《せいりょく》があらわれ、全国を統一《とういつ》した。大王《おおきみ》はのちの天《てん》皇《のう》であり、この勢力《せいりょく》はヤマト王権《おうけん》とよばれている。ヤマト王権《おうけん》は、中国やほかの国々と交易《こうえき》をすることによって、発達《はったつ》した技術《ぎじゅつ》、文化を取りいれ、力をつけていった。

このころの王や支配者《しはいしゃ》（豪族《ごうぞく》）が、古墳《こふん》とよばれる大きな墓《はか》をさかんにつくったので、この時代を古墳《こふん》時代という。

天皇《てんのう》中心の国づくり

六世紀《せいき》になると、地方豪族《ごうぞく》の反《はん》乱《らん》やヤマト王権圏内《おうけんけんない》であらそいがつづいた。

五九三年、聖徳太子《しょうとくたいし》が摂政《せっしょう》という役目につき、天皇《てんのう》中心の国づくりを実現《じつげん》するためのさまざまな改《かい》革《かく》をおこなった。また、隋《ずい》（現在《げんざい》の中国）に遣隋使《けんずいし》をおくって大陸《たいりく》との外交をおこない、日本の国際《こくさい》的地位《てきちい》を高めようとつとめた。さらに寺院を建立《こんりゅう》して、大陸《たいりく》の文化である仏教《ぶっきょう》をひろめた。

このようにして、日本という国の基礎《きそ》がきずかれたのが、この時代であった。

古代《こだい》を知るためのキーワード

【魏《ぎ》の国《くに》】

西暦《せいれき》二二〇年から二六五年に、中国にあった国。当時の中国は、魏《ぎ》、呉《ご》、蜀《しょく》という三つの国に分かれていた。『親魏倭王《しんぎわおう》』の称号《しょうごう》を邪馬台国《やまたいこく》の卑弥呼《ひみこ》へあたえた国として有名。

【「魏《ぎ》志《し》」倭《わ》人伝《じんでん》】

中国の古い歴史書《れきししょ》「三国志《さんごくし》」のなかの、「魏《ぎ》」という国についてかかれた部分に、「倭《わ》の国」についての記述《きじゅつ》がある。「倭《わ》」とは日本のことで、卑弥呼《ひみこ》や邪馬台国《やまたいこく》、当時の日本の暮《く》らしについてかかれている。貴重《きちょう》な記録《きろく》であるこの部分は、『「魏《ぎ》志《し》」倭《わ》人伝《じんでん》』とよばれている。

【ヤマト王権《おうけん》】

三世紀《せいき》後半から四世紀《せいき》ごろにかけて、日本の近畿《きんき》地方にあった強力な政権《せいけん》。大王《おおきみ》とよばれる豪族《ごうぞく》を中心としたこの政権《せいけん》を、「ヤマト（大和）王《おう》権《けん》」という（ヤマト朝廷《ちょうてい》ともよぶ）。

大王《おおきみ》はのちに天皇《てんのう》とよばれ、政権《せいけん》は勢力《せいりょく》をひろげた。五世紀《せいき》ごろには、九州《きゅうしゅう》地方から関東《かんとう》地方北部までを支《し》配《はい》下においたと考えられている。

【渡来人《とらいじん》】

五世紀《せいき》に中国や朝鮮《ちょうせん》との外交がさかんになると、それらの国から日本列島へ移住《いじゅう》する人々がふえ、渡来人《とらいじん》とよばれた。渡来人《とらいじん》は大陸《たいりく》のすぐれた技術《ぎじゅつ》や学問をつたえ、漢字《かんじ》もつかわれるようになった。四〜六世紀《せいき》ごろには儒教《じゅきょう》や仏教《ぶっきょう》もつたわった。

【飛鳥文化《あすかぶんか》】

七世紀《せいき》前半に近畿《きんき》の飛鳥《あすか》地方でさかえた、日本で最初《さいしょ》の仏教《ぶっきょう》文化。蘇《そ》我《が》氏《し》が建立《こんりゅう》した飛鳥寺《あすかでら》（法興寺《ほうこうじ》）、聖徳太子《しょうとくたいし》による四天王寺《してんのうじ》、法隆寺《ほうりゅうじ》（斑鳩寺《いかるがでら》）などの寺院が飛鳥《あすか》文化の象徴《しょうちょう》になった。寺院の建立《こんりゅう》により、豪族《ごうぞく》らは権力《けんりょく》をしめした。

第一話

邪馬台国《やまたいこく》の女王　卑弥呼《ひみこ》

〜なぞにつつまれた古代《こだい》の女王〜

とは
だったのか?

中国の古い歴史書《れきししょ》『「魏志《ぎし》」倭《わ》人伝《じんでん》』に登場する、女王卑弥呼《ひみこ》。邪馬台国《やまたいこく》という国を統治《とうち》したすぐれた王として名高い。卑弥呼《ひみこ》とはどのような人物で、どのように政《せい》治《じ》をおこなったのだろうか?

当時の日本は、倭《わ》の国とよばれ、百あまりの国がおたがいにあらそっていた。邪馬台国《やまたいこく》はそのなかのひとつで、多くの小国を支配《しはい》する大きな国であった。

卑弥呼《ひみこ》は、うらないやまじないで政治《せいじ》をおこない、人々はすぐれた霊能力《れいのうりょく》をもった卑弥呼《ひみこ》を、おそれうやまっていた。

卑弥呼《ひみこ》は中国にあった大国、魏《ぎ》につかいをおくり、外交にも力をいれていた。西暦《せいれき》二三九年、「親《しん》魏倭王《ぎわおう》」とかかれた金印《きんいん》や銅鏡《どうきょう》を、

女王卑弥呼《ひみこ》
何者

魏《ぎ》からさずけられたと記録《きろく》にのこっている。

邪馬台国《やまたいこく》があった場所は、九州にあったという説《せつ》、畿内《きない》（奈良《なら》県大和《やまと》地方）にあったという説《せつ》などがあり、あきらかになっていない。

卑弥呼《ひみこ》

邪馬台国《やまたいこく》の女王。幼《おさな》い時からうらないやまじないにすぐれた能力《のうりょく》をもち、女王になる。即位後《そくいご》は宮殿《きゅうでん》にこもり、そのことばはナシメによって人々につたえられた。三十あまりの小国をまとめ、魏《ぎ》の国の皇帝《こうてい》から親《しん》魏倭王《ぎわおう》の称号《しょうごう》をもらう。混乱《こんらん》のなかで死ぬが、その死はなぞにつつまれたままである。

倭《わ》

マヒコ

卑弥呼《ひみこ》の弟。卑弥呼《ひみこ》をたすけて実務《じつむ》にたずさわっていたが、しだいに王座《おうざ》をねらうようになり、陰謀《いんぼう》をくわだてる。

ナシメ

イト国出身の卑弥呼《ひみこ》の忠実《ちゅうじつ》な家来《けらい》。卑弥呼《ひみこ》の身辺《しんぺん》をまもり、卑弥呼《ひみこ》のことばを人々につたえる。魏《ぎ》の国への使者となり、「親魏《しんぎ》倭王《わおう》」と刻印《こくいん》された金印《きんいん》をもちかえる。

人物紹介《じんぶつしょうかい》

魏《ぎ》の皇帝《こうてい》

およそ千八百年前の中国の皇帝《こうてい》。倭《ぎ》の邪馬台国《やまたいこく》の卑弥呼《ひみこ》を、「魏《ぎ》の国にしたしくする倭《わ》の国の王」とみとめ、金印《きんいん》、銅鏡《どうきょう》などをさずける。

トウマ

ナシメの一族の若者《わかもの》。ナシメが魏《ぎ》の国へ行ったあとをつぎ、卑弥呼《ひみこ》の身辺《しんぺん》をまもり、親身に手助けをする。

トヨ

卑弥呼《ひみこ》の妹の娘《むすめ》。卑弥呼《ひみこ》と同じく、うらないやまじないの能力《のうりょく》にすぐれ、卑弥呼《ひみこ》の後継者《こうけいしゃ》として修行《しゅぎょう》をつむ。のちに邪馬台国《やまたいこく》の女王となる。

女王の誕生《たんじょう》

若草《わかくさ》のもえる丘《おか》の上を、ひゅーひゅーと音を立てて風がふきわたる。

雲ひとつない、青くすみきった空のもと、卑弥呼《ひみこ》はひとり立ちすくんでいた。

さきほど、いつもとちがうみょうな胸《むな》さわぎを感じ、神にうかがいを立ててみた。しかし、いのりをささげ、そこできいた神の声は、卑弥呼《ひみこ》の心をさらにとまどわせるばかりであった。

「人々の求《もと》めにこたえなさい。いまこそ、その時がきたのだ。」

そう神はおっしゃった。それは何を意味するのか。

いったい、これから何が起きるというのか。

卑弥呼《ひみこ》はいま、自分の身に起きるであろう大きな変化《へんか》の予感に、体をふるわせた。

しかしそれは、おそれてにげだすようなものではなく、卑弥呼《ひみこ》の心をかきたて、ふるいたたせるような予感であった。

卑弥呼《ひみこ》は、何かに立ちむかうように、きっぱりと顔を上げていった。

「したがいましょう、何ごとも。神のお心のままに！」

その時また、ひゅーっと強い風がとおり、卑弥呼《ひみこ》の長い髪《かみ》をふきあげていった。

卑弥呼《ひみこ》は小さなころからふしぎな力をもっていた。最初《さいしょ》にそれに気がついたのは、三才くらいの時だった。

大切にしていた赤い木の実をなくして泣《な》いていた。さんざん泣《な》いて泣《な》きつかれて、ふと空を見あげて目をとじた。

「神さま、おねがい、わたしの赤い木の実！」

心からそうねがった。すると、まぶたのなかに、水をいれる器《うつわ》のかげにころがる赤い木の実が見えた。行ってみると、たしかに赤い木の実はそこにあった。

それからというもの、何かこまったことがあると、卑弥呼《ひみこ》は空を見あげる。心を空にときはなち、目をつぶって一心に神の声をきく。

うわさをきいたまわりの人々も、何かあると卑弥呼《ひみこ》をたよるようになった。

「ばあさまの目が見えなくなった。どうしたらいいのか！」

「子どもがいなくなった。見つけてくれ！」

そのつど卑弥呼《ひみこ》は、両手を空にさしのべて神のおつげをきく。そしてこたえてやる。

「朝露《あさつゆ》のついたクワの葉《は》をもんで、目にあててやりなさい。」

「かわず池のそばで、足をくじいた子どもが泣《な》いています。」

卑弥呼《ひみこ》のつたえる神のことばは正しく、やがてばあさまの目はあき、子どももぶじ見つかったのである。


丘《おか》の上に立つ卑弥呼《ひみこ》は、ふと気がついて、ふもとをふりかえった。人の足音と話し声がきこえたからだ。

三人の男たちが卑弥呼《ひみこ》にむかって歩いてくる。顔やうでにえがいた赤と青のいれずみもよう、きている服のようすからも、かなり身分の高い人たちと思われる。

卑弥呼《ひみこ》はしきたりどおり、す早く草にひざをつき、身をかがめた。

三人は、卑弥呼《ひみこ》の前で足をとめた。

「これはこれは、卑弥呼殿《ひみこどの》。おもてを上げなされ。」

いちばん年上と思われる男が、思いがけずやさしい声でいった。

「わたしは、イト国の王、クシリだ。※倭《わ》の北のほうの国々を代表して、ここにきた。あなたをむかえにきたのだ。」

むかえに？　卑弥呼《ひみこ》は、はっとしてその男を見た。

「いまわれらの国々では、あらそいごとばかりがつづいている。米づくりの土地をめぐり、水田の水をめぐり、人々は殺気《さっき》だっている。たくわえた米をぬすむ者さえいる。このままでは、人の心も国も、あれはててしまう。」

「そればかりではない！　南のほうの大国、クナ国は、北のほうへいつせめいろうかとすきをねらっているんだ！　すぐにでも手をうたねば！」

もうひとりの男が声をあらだてた。クシリは、それをせいするように、しずかにいった。

※倭《わ》　古代《こだい》の日本のこと。およそ7世紀《せいき》後半までは「日本」ではなく「倭《わ》の国」とよばれていた。

「われらのなかでいちばん大きな国、邪馬台国《やまたいこく》の王は年おいて、まもなく命がつきようとしている。邪馬台国《やまたいこく》のつぎの王をどうするか。このあやうい時期をどうのりこえるか。ナ国、フミ国、イト国をはじめとして、北のほうの三十あまりの国々はあつまって話しあいをもった。そして、シカの骨《ほね》を焼《や》いて、神にうかがいを立てた。おい、あれを。」

指示《しじ》されて三人目の若《わか》い男が、シカの骨《ほね》をさしだした。

焼《や》けこげたシカの骨《ほね》には、いくつものひびわれが走っている。その黒いすじは、複雑《ふくざつ》にからみあって、ふしぎな絵柄《えがら》をつくっていた。それを見た卑弥呼《ひみこ》は、息をのんだ。

「これは……！」

卑弥呼《ひみこ》も、神の声をきくとともに、シカの骨《ほね》をつかったうらないもする。とうぜん、そのひびわれが何をかたっているのか分かったのだ。

「見てのとおりだ。シカの骨《ほね》のうらないは、わたしたちにつげた。卑弥呼《ひみこ》を邪馬台国《やまたいこく》の女王に立てて、このあたりの国々をおさめさせるようにとな。」

卑弥呼《ひみこ》は大きく息をはいた。さきほどの神の声は、このことだったのだ。邪馬台国《やまたいこく》の女王になることを求《もと》められるという、神の予言だったのだ。

まじないやうらないをするというこれまでの暮《く》らしから、大国の女王になるというこの大きな変化《へんか》。しかし、神のおつげをきいていたせいか、卑弥呼《ひみこ》はおどろくほど冷静《れいせい》にうけとめることができた。

ゆっくりと立ちあがると、卑弥呼《ひみこ》は三人の男たちを順番《じゅんばん》に見つめた。そしてきっぱりといった。

「分かりました。邪馬台国《やまたいこく》の女王になり、人々のためにつくします。さあ、まいりましょう。」

風がふきわたる丘《おか》の上にすっくりと立つ卑弥呼《ひみこ》は、もうさきほどの卑弥呼《ひみこ》ではなかった。

三人の男たちが思わずひれふし、頭を地につけるほどのおもおもしさがあった。そして、青い空を背《せ》に、そのすがたは神々《こうごう》しいほどの光をはなっていた。

はるか遠くに海が見わたせる小高い丘《おか》に、大きな宮殿《きゅうでん》が建《た》てられていた。広い敷地《しきち》のまわりをいくえもの垣根《かきね》が取りかこみ、さらにその外がわにすむ人々の家を取りかこむように、深いほりがほられている。

卑弥呼《ひみこ》はゆっくりと見わたし、満足《まんぞく》そうにうなずいて、お供《とも》の若《わか》い男をふりかえった。あの日、卑弥呼《ひみこ》をむかえにきた三人のなかのいちばん若《わか》い男で、名前をナシメといった。

「ナシメ、宮殿《きゅうでん》はまもなくできあがります。宮殿《きゅうでん》ができるのにあわせて、わたしの考えもまとまりつつあります。この邪馬台国《やまたいこく》をどのような国にするのか、そのためには、どうしたらいいのか。」

卑弥呼《ひみこ》は遠くを見つめながらつづけた。

「あらそいがなく、だれも飢《う》えることがない国。みんなが安心してくらせる国。そして、この海のずっと向こうにある遠い大きな国ともなかよくして、よいところを取りいれて学び、さらに大きく安定した国にしていきたいのです。」

卑弥呼《ひみこ》とともにこの地にやってきて、ナシメは卑弥呼《ひみこ》の身のまわりの警護《けいご》と連絡《れんらく》がかりをしていた。いっしょにすごすことがふえるにつれて、ナシメは、この美しいばかりでなくかしこい卑弥呼《ひみこ》を、心から尊敬《そんけい》するようになっていた。

「ナシメ、わたしの仕事を手つだってくれますか?」

「は、はい!」

ナシメはよろこびのあまりつづくことばをうしない、ただ頭をたれるばかりであった。

あたらしい宮殿《きゅうでん》ができあがると、卑弥呼《ひみこ》は倭《わ》の北のほうの国々の王たちをあつめた。

その日、あたりにはまだ、まあたらしい木のかおりがただよっていた。

広場にあつまった王たちは、地面より数段《すうだん》高い床《ゆか》の上に立つ卑弥呼《ひみこ》を、まぶしいものを見るように、あおぎみた。

卑弥呼《ひみこ》は、両わきにそれぞれ男をしたがえている。いつもそばにいるナシメと、もうひとり、ひげづらのがっしりした男だ。ふたりともかたひざをついて、卑弥呼《ひみこ》よりも一段《いちだん》身を低《ひく》くしている。その後ろには、おおぜいの女たちがそろいの白い服をきて、しずかにひかえていた。

「わたしはこれからこの宮殿《きゅうでん》にこもります。そこで神の声をきき、この国のありかたをうらないます。わたしのことばはすべて、このナシメがおつたえするでしょう。」

ナシメがひかえめなおじぎをして、卑弥呼《ひみこ》のいったことに同意することをあらわした。

卑弥呼《ひみこ》はもうかたほうを、手でしめした。

「こちらは、わたしの生まれた土地からよびよせた弟、マヒコです。宮殿《きゅうでん》の外にすみ、ナシメからつたえられたことを、じっさいに行動にうつしてもらいます。」

卑弥呼《ひみこ》の弟マヒコは、自分にあたえられた役割《やくわり》をほこるように、ぐっと胸《むね》をそらした。

「それぞれの国の王たちよ、心をひとつにして、みんながしあわせにくらせる、平和で豊《ゆた》かな倭《わ》の国をつくりあげていきましょう。わたしはもう行きます。これから、みなさんの前にすがたを見せることはないでしょう。」

そういうと、卑弥呼《ひみこ》はくるりと背《せ》をむけ、とびらの向こうに入っていった。

そのかがやくような後ろすがたを目に焼《や》きつけ、王たちはそれぞれの心のなかで、卑弥呼《ひみこ》へのかたい忠誠《ちゅうせい》をちかった。

ここに邪馬台国《やまたいこく》の女王が誕生《たんじょう》した。いまから約《やく》千八百年ほど昔のことであった。

魏《ぎ》の国へ

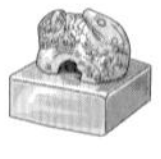

どこまでも高く青くひろがる空を、赤とんぼがすいーっと横ぎっていく。稲《いね》は黄金色《こがねいろ》にみのり、穂先《ほさき》はおもそうに頭をたれている。

ひと組の夫婦《ふうふ》がせっせと稲《いね》かりをしていた。

「せいが出るのう。」

とおりがかった男が声をかける。

「ああ、この鉄でできたかまをつかうようになってからというもの、稲《いね》かりの仕事がどんどんはかどる。」

「海の向こうの韓《から》という国から、いろんな品が入ってくるようになったものなあ。米もたくさんとれるようになったし、それもこれも、みんな卑弥呼《ひみこ》さまのおかげだ。」

「卑弥呼《ひみこ》さまがこの国の女王になられてもう何年になることか。おだやかにくらせるようになって、ほんとうによかった。」

秋のひざしのなかで、平和な光景《こうけい》であった。

その時だ。雲をつくようような大きな男がふたり、クヌギの木のかげからおどりでた。

「な、何だ!」

こちらの三人は、ひとつにかたまって身がまえる。

男たちは、かみつかんばかりの表情《ひょうじょう》で、棒《ぼう》をふりあげている。そして、無言《むごん》のままかけよると、稲《いね》かりをしていた男にむかって、それをがっとふりおろした。

「うわあ～!」

稲《いね》かりの男は頭をかかえてうずくまる。

「だ、だいじょうぶか!」

その時、ふたりの大男が、そばにつんであったかりとったばかりの稲《いね》のたばをかかえて走りだした。

「あ、まてえ!」

しかし、ふたりはすばやく、あっというまにすがたを消した。

「見たか、あいつら。顔のいれずみもきているものも、この国のものではない。」

「あれは、たしか……。」

つぎには、南のほうの国境《くにざかい》の近くの小さな村が、ある日何者かに集団《しゅうだん》でおそわれた。

さいわい村人は森ににげこみ、死人こそ出なかったが、もどってみると、たくわえた米はもちさられ、家はすべてたたきこわされていた。

同じような事件《じけん》はあちこちで起きた。

「緑色のいれずみをした大きな男たちだった。」

見た人々の証言《しょうげん》は、みな同じであった。

この話はたちまちつたわり、卑弥呼《ひみこ》のいる宮殿《きゅうでん》にもとどいた。

「しばらくしずかであったクナ国、またそろそろ動きが出たような……。わたしももう、ずいぶんと年をかさねてきた。まだ少しでも力があるうちに何とかせねば……。」

卑弥呼《ひみこ》の胸《むね》はいたんだ。クナ国にとって、邪馬台国《やまたいこく》を手にいれることは、倭《わ》の国における実権《じっけん》をにぎることにもなる。また気候《きこう》がおだやかで豊《ゆた》かなみのりを生むこの国は、たいへん魅力《みりょく》のある国であった。

卑弥呼《ひみこ》はすぐにナシメにつたえ、むかえうつ準備《じゅんび》をととのえるように命じた。それはこちらからせめいるためではなく、あくまでもこの国をまもるための戦《いくさ》である。

それがすむと、卑弥呼《ひみこ》はふたたびナシメをよんだ。

「海の向こうの韓《から》の国のその先に、魏《ぎ》という国があります。魏《ぎ》の都までは海をわたり陸《りく》を歩き、いく月もかかるはるか遠くの国です。その魏《ぎ》の国へ、つかいにたってもらいたいのです。倭《わ》の国より何倍も大きく強く、すべてにおいて先を行く国です。魏《ぎ》としたしくなっておくことは、この国にとって大きな力となるでしょう。そしてクナ国がせめてこようとしているいま、大きな後ろだてとなってくれるでしょう。」

「かしこまりました。」

自分の仕事を信頼《しんらい》のおける身内のトウマにたくすと、ナシメはすぐに出発した。

邪馬台国《やまたいこく》からナシメの生まれた国、イト国をとおってマツラ国まで陸路《りくろ》を行き、そこから船にのりこんだ。魏《ぎ》の国へのたくさんのみつぎ物と、おおぜいの船のりたちをのせたそれは、かなり大きな船であった。

「おおい、まだ陸《りく》は見えぬか！」

大きな船は、まるで木の葉のように右に左にもまれ、大波にあらわれている。嵐《あらし》はもう三日もやまず、みんなをくるしめていた。

難航《なんこう》するときは、つみ荷を海になげすて、船をかるくするものだが、つんであるのは、魏《ぎ》の国への大事なみつぎ物である。すてるわけにはいかない。

船の先頭では、ジサイが必死《ひっし》にいのっている。ジサイとは、航海《こうかい》の守り役である。航海《こうかい》のあいだじゅう、髪《かみ》もとかさず衣服《いふく》もかえずいのりつづける。ぶじ成功《せいこう》すれば多大なほうびをもらえるものの、もしも遭難《そうなん》したり行きつかなかったりすれば命はない。

「そいつを海にほうりこめ！　役立たずだ！」

「そうだ、そうだ！　そいつがわざわいをもたらしたんだ！」

ジサイは、殺気《さっき》だった船のりたちに船べりまでひきずられ、いまにもあれた海になげこまれようとしている。

「おい、まて！」

遠くに目をこらしていたナシメが、手をふりあげた。

「見えるぞ！　陸《りく》だ！」

あれくるう波頭《はとう》のはるか向こうに、ぼんやりと黒い点が見えた。

「おお！　陸《りく》だ！」

船じゅうによろこびのさけびが上がった。

卑弥呼《ひみこ》は、ふたたびいのりをささげ、神の声を求《もと》めた。しかし、こたえはやはり同じである。「ナシメはぶじに役目をはたすであろう。」

何度きいても、神はこうこたえる。

けれども、ナシメが邪馬台国《やまたいこく》をたってから、もう一年以上《いじょう》もたっている。韓《から》の国の帯方郡《たいほうぐん》についたという知らせはきたが、その後、魏《ぎ》の国までたどりつけたのか、皇帝《こうてい》に会うことはできたのか。それよりも何よりも、ナシメが生きているのかどうかすらわからない。

クナ国とのあらそいは、北の国々との協力《きょうりょく》で、いまのところしずまってはいる。しかし、クナ国がこのままいつまでもおとなしくしているという保証《ほしょう》はない。

卑弥呼《ひみこ》は、心の内の波立ちをまぎらわすかのように、神へささげる舞《まい》をくりかえしくりかえし舞《ま》いつづけた。

その時、トウマがかけこんできた。ナシメのあとをうけ、卑弥呼《ひみこ》のそばにつかえている若者《わかもの》だ。

「卑弥呼《ひみこ》さま、ただいま知らせが！」

卑弥呼《ひみこ》は、神へささげる舞《まい》をやめて、ふりかえった。

「ナシメさまが……。」

トウマの目に、きらりと光るものがある。

「ナシメの身に何か！」

一瞬《いっしゅん》不安《ふあん》にかられた卑弥呼《ひみこ》の表情《ひょうじょう》は、たちまちよろこびに変《か》わった。

トウマのあとにつづいて入ってきたのは、まちがいなくナシメである。日に焼《や》け、やせこけた顔は、長い旅の苦労《くろう》をものがたっていたが、目は明るくかがやいていた。

「ナシメ！」

「卑弥呼《ひみこ》さま！」

卑弥呼《ひみこ》の顔をうるんだ目で見つめたナシメは、つぎに自分の立場を思いおこし、地にひざをついた。

「ただいま、もどってまいりました！　魏《ぎ》の国の皇帝《こうてい》は、あなたさまのお心をたいへんよろこばれ、これ、このようなものをおつかわしになりました。」

そういって、布《ぬの》のつつみをほどいてナシメがさしだしたものは、紫《むらさき》のひもがついたりっぱな金印《きんいん》であった。

「ここに、『親魏倭王《しんぎわおう》』とかいてあります。魏《ぎ》の国のしたしい友である倭《わ》の国王というおしるしをいただいたのです。卑弥呼《ひみこ》さまは、魏《ぎ》の国の友人としてみとめられているのです。」

魏《ぎ》はその当時、ほかにくらべるもののないほどの大国であった。その魏《ぎ》から金印《きんいん》をあたえられ、友好国《ゆうこうこく》としてみとめられたことは、倭《わ》の国にとって大きな力をえたことになる。いざとなれば大国の助けがあるということは、ほかの国もへたな手出しはできなくなる。事実、こののちしばらくは、まわりの国もみなしずかであった。

ナシメは、金印《きんいん》のほかにも、皇帝《こうてい》からのおくり物をたくさんたずさえていた。銅《どう》の鏡《かがみ》が百枚《まい》、何枚《なんまい》もの絹《きぬ》や錦《にしき》、真珠《しんじゅ》や黄金《おうごん》までもあった。それは取りもなおさず、倭《わ》の国王として卑《ひ》弥呼《みこ》をみとめ、これからもうまくつきあっていこうという、魏《ぎ》の国の皇帝《こうてい》の意志《いし》であった。

「魏《ぎ》の皇帝《こうてい》は、これらのおくり物を倭《わ》の国王たちに披露《ひろう》して、分けあたえるようにとのおことばでした。さっそく声をかけて、王たちをあつめましょう。」

ナシメからの連絡《れんらく》をうけ、卑弥呼《ひみこ》の弟、マヒコは国々の王たちを宮殿《きゅうでん》の庭によびあつめた。

「さすが卑弥呼《ひみこ》さまだ。魏《ぎ》の国としたたしくなれば、こんな心強いことはない。」

「わしたちにも分けていただけるなんて、名誉《めいよ》なことだ。ごりっぱな考えだ。」

そういって、ほめそやす者がほとんどだった。

しかし、ひとりの王がこういっているのを、マヒコはききのがさなかった。

「大きな魏《ぎ》の国にのっとられなければいいがなあ。まあ、女の王のすることだ、強い者にたよりたくもなるだろうが……。」

ハリ国の王であった。マヒコはその王に近づき、声をひそめていった。

「同じ考えをおもちのようですな。あとでゆっくりお話しましょう。」

木々にかこまれた広大な敷地《しきち》に建《た》つ大きな屋敷《やしき》。宮殿《きゅうでん》と見まちがえるほどである。そのおくまった一室で、ふたりの男が※高坏《たかつき》にもった肉や野菜《やさい》を前に酒をくみかわしていた。

「わたしは長いあいだ、姉をたすけてまつりごとにたずさわってきたが、わたしがいるからこそ、卑弥呼《ひみこ》は女王でいられるのだ。まじないやうらないばかりで、まつりごとができるわ

※高坏《たかつき》　長いあしのついた器《うつわ》。

けがない。のう、ハリ国の王よ、そう思われませんか？」

マヒコは酒をすすめながら、ハリ国の王の顔色を見た。

「ま、そうではあるが……なあ。」

弱小のハリ国の王は、こたえをきめかねて、目をおよがせている。

「わたしはこの国をもっと強く大きくしたいと思っている。いや、かならずできる！　ハリ国の王よ、じつは、あなたにとってもそんはない話があるのですが……。」

ふたりの話は夜おそくまでつづいた。

ハリ国の王が帰ると、マヒコはにんまりとほくそえんだ。話をすすめるうちに、王の態度《たいど》にたしかな手ごたえを感じたのだ。

「あと何人か、声をかけてみるか。」

卑弥呼《ひみこ》の弟という特権《とっけん》を利用《りよう》して、マヒコは、私腹《しふく》をこやしていた。私有《しゆう》する土地はふえ、ぜいたくのかぎりをつくした暮《く》らしをするマヒコであったが、つのる欲望《よくぼう》はとどまることを知らなかった。

「このまま、卑弥呼《ひみこ》につかわれる身で終わってなるものか。かならずや、この邪馬台国《やまたいこく》をわがものにしてやる。」

マヒコは、不敵《ふてき》な笑《わら》いをうかべながらつぶやいた。そして、マヒコの作戦《さくせん》は、このちゅっくりと、慎重《しんちょう》にすすめられていった。

なぞの死

卑弥呼《ひみこ》は、妹の子、トヨの舞《まい》をながめていた。

トヨは、卑弥呼《ひみこ》の小さい時と同じように、ふしぎな力をもつ子どもであった。同じように、神の声をきくことができるのだ。この春から卑弥呼《ひみこ》のもとでくらし、見習いのようなことをしている。

「じょうずに舞《ま》えました。これならだいじょうぶでしょう。」

卑弥呼《ひみこ》がそういうと、トヨはうれしそうにほほえんだ。

まもなく、秋の収穫《しゅうかく》を神に感謝《かんしゃ》する大がかりな祭礼《さいれい》がおこなわれる。その年にとれた米を高坏《たかつき》にもって神にささげ、よろこびをあらわす。その祭礼《さいれい》の場で、トヨは、舞《まい》を舞《ま》うことになっているのだ。

祭礼《さいれい》の日には、邪馬台国《やまたいこく》の宮殿《きゅうでん》の広場に祭壇《さいだん》がもうけられ、それぞれの国からやってきた王が、自国でとれた米をそなえる。それは神への感謝《かんしゃ》とともに、邪馬台国《やまたいこく》への忠誠《ちゅうせい》の心をしめす重要《じゅうよう》な儀式《ぎしき》でもあった。

ところがこの年の祭礼《さいれい》に、米をそなえなかった国があった。三十あまりの国々のなかで、ハリ国、シオキ国、イヤ国の三国は、ことわりもなく欠席《けっせき》した。

「これらの三国は、どうしたのだろうか。米が不作《ふさく》という話もきいていないが……。」

しきりに首をかしげるナシメのとなりで、マヒコはふんと鼻でわらった。

「あの三人の王たちは、もしかしたら、もう邪馬台国《やまたいこく》に服従《ふくじゅう》する気がないということではないか？」

「何だと！　……まさか！」

ぼうぜんと立ちつくすナシメをのこして、マヒコはゆうゆうと立ちさっていった。

卑弥呼《ひみこ》は、宮殿《きゅうでん》のおくでいのりをささげていた。

ナシメが入ってきたことに気づき、ふりかえったその表情《ひょうじょう》は、悲《かな》しみにみちていた。

「卑弥呼《ひみこ》さま、いま……。」

「分かっています。北の国々に不穏《ふおん》な動きが出てきたようですね。やがてそれは、大きな火となって、この国を焼《や》きつくすでしょう。その火だねをまいたのはだれか、わたしには分かっています。」

「そ、それはいったい、だれなのですか！」

「悲《かな》しいことですが、弟のマヒコです。マヒコはこの国の王になろうという野望《やぼう》をもっています。さわぎを起こして、そのすきに王の座《ざ》をうばおうというのです。まもなく戦《たたか》いの火の手が上がるでしょう。」

卑弥呼《ひみこ》のことばのとおり、北のほうからハリ国、シオキ国、イヤ国がせめてきた。それぞれは小さな国にすぎないが、三つの国の連合軍《れんごうぐん》となるとかなりの人数になる。しかも彼《かれ》らはなぜか、かんたんには手に入らない、高価《こうか》な鉄の武器《ぶき》ももっていた。

卑弥呼《ひみこ》のもつ邪馬台国《やまたいこく》の軍《ぐん》も勇敢《ゆうかん》に戦《たたか》った。しかし、こちらの動きはすべて敵《てき》に見ぬかれていて、行く先々で苦戦《くせん》する。だれか、反乱軍《はんらんぐん》に通じている者がいるとしか思えなかった。

さらに悪いことに、邪馬台国《やまたいこく》が混乱《こんらん》していることは、南の大国、クナ国にも知れわたった。つねにせめいる機会《きかい》をねらっているクナ国にとって、絶好《ぜっこう》のチャンスである。この混乱《こんらん》に乗じて、一気に邪馬台国《やまたいこく》を手にいれようと思ったのにちがいない。まもなく、南のほうからもじわじわと大軍《たいぐん》がせめあがってきた。

国内の反乱《はんらん》、さらにクナ国からの侵略《しんりゃく》もあって、邪馬台国《やまたいこく》はみだれにみだれた。

「親魏倭王《しんぎわおう》」の金印《きんいん》がおくられてから、七年がたっていた。卑弥呼《ひみこ》はもういちど魏《ぎ》につかいをおくり、助けを求《もと》めた。しかし返事はとどかないまま、時はすぎていった。

ついに宮殿《きゅうでん》に火がついた。

「卑弥呼《ひみこ》さま、早く！　こちらへ！」

トウマにかかえられるようにして、卑弥呼《ひみこ》は宮殿《きゅうでん》の外に出た。

見ると、広場のまわりの垣根《かきね》の外まで、もう戦《たたか》いの波はおしよせていた。

後ろにはもえさかる宮殿《きゅうでん》、目の前には、はげしくくりひろげられる戦《たたか》い。

卑弥呼《ひみこ》の胸《むね》に、一気に怒《いか》りと悲《かな》しみがわきあがった。

「ああ、神よ、この国をお救《すく》いください！　わたしの命とひきかえても！」

卑弥呼《ひみこ》は、両手を空にさしのべ、必死《ひっし》な思いでいのった。

するとその時、あたりが急にすーっと暗くなった。昼間のはずなのに、太陽のすがたがかくされてしまったのだ。

「な、何だ？　どうした！」

「太陽が黒くなっている！」

「神の怒《いか》りだ～！」

もう戦《いくさ》どころではなかった。兵士《へいし》たちはあわてふためき、われ先にと走りだす。しかし、暗くてよく見えないために、ぶつかったりころんだり、あちこちで大混乱《だいこんらん》が起きた。

もえさかる宮殿《きゅうでん》の火だけが、あたりをぼんやりとてらしている。

宮殿《きゅうでん》が音を立てて焼《や》けおちると、暗さはいっそう深くなった。しかしその時、消えた時と同じように、世界に光がすーっともどってきた。

何とかあたりが見えてきた時、それは起こったのだ。

「卑弥呼《ひみこ》さまあー！」

トウマの絶叫《ぜっきょう》があたりにひびきわたった。まわりじゅうの人々が注目した。

宮殿《きゅうでん》の消火にあたっていたナシメが、あわててかけよってくる。

卑弥呼《ひみこ》は、地にたおれていた。胸《むね》には矢がささり、白い服は見る見る赤くそまっていく。

「この国を、平和に……。」

それが卑弥呼《ひみこ》の最後《さいご》のことばだった。

卑弥呼《ひみこ》の胸《むね》にささった矢はだれのものだったのか、けっきょく知ることはできなかった。

どこにでもある、ごく一般的《いっぱんてき》な矢で、持ち主を特定《とくてい》するような何のしるしもなかった。クナ国のものか、倭《わ》の国内の反乱軍《はんらんぐん》のものか、あるいはまた、べつのだれかのものだったのか。暗闇《くらやみ》のなか、人々の騒乱《そうらん》のなかで起きた卑弥呼《ひみこ》の死の真相は、そのままやみのなかにほうむられた。

卑弥呼《ひみこ》の葬儀《そうぎ》がすむと、マヒコは高らかに宣言《せんげん》した。

「卑弥呼《ひみこ》は死んだ。以後《いご》は、わたしが王だ！」

マヒコは、反乱《はんらん》を起こした軍《ぐん》と邪馬台国《やまたいこく》がわの軍《ぐん》をひとつにして、クナ国にむかおうとした。しかしそれまで敵対《てきたい》して戦《たたか》っていた両軍《りょうぐん》を急にひとつにまとめても、むりがあった。どうしても気持ちのすれちがいはさけられず、かんたんな命令《めいれい》のひとつも行きとどかない。いさましいだけのマヒコには、人の心をよむ力はなかった。

マヒコのひきいる軍《ぐん》のなかで、おおぜいの兵士《へいし》が死んだ。

ある日、マヒコの死体も、そのなかのひとつとして発見された。

長くつづく戦《いくさ》のせいで、邪馬台国《やまたいこく》もクナ国もつかれきっていた。

そのころ、魏《ぎ》の国からのつかいが、皇帝《こうてい》からのおくり物をとどけてきた。戦《いくさ》の指揮《しき》につかう黄色いのぼり旗《ばた》である。魏《ぎ》の国ののぼり旗《ばた》、すなわち、何かあれば超大国《ちょうたいこく》であるところの魏《ぎ》の国の助けがあるというしるしである。

これを見たクナ国は、気力も体力もなくした軍《ぐん》をひきあげ、すごすごとクナ国へもどっていった。さすがのクナ国も、このちしばらくはおとなしくしていた。

あたらしく建《た》てなおした宮殿《きゅうでん》の広場には、また王たちがあつめられていた。

地面より数段《すうだん》高い床《ゆか》の上には、十二、三才くらいの少女が立っている。きりっとかしこそうな顔は、どこか卑弥呼《ひみこ》を思いださせるものがあった。

そのとなりに立つナシメが、紫《むらさき》のひものついた金印《きんいん》をかかげていった。

「これより、このトヨさまを、邪馬台国《やまたいこく》の女王とする！」

あたらしい邪馬台国《やまたいこく》の出発であった。

もっと知りたい！

卑弥呼《ひみこ》と邪馬台国《やまたいこく》

卑弥呼《ひみこ》と邪馬台国《やまたいこく》にかかわる資料館《しりょうかん》やゆかりの場所などを紹介《しょうかい》します。歴史《れきし》の知識《ちしき》も深まるよ！

大阪府立弥生文化博物館《おおさかふりつやよいぶんかはくぶつかん》

弥生《やよい》時代の遺跡《いせき》からの出土品、映像《えいぞう》資料《しりょう》などがそろっており、たのしみながら弥生文化全般《やよいぶんかぜんぱん》を学ぶことができる。なかでも、村人のようすまで再現《さいげん》した卑弥呼《ひみこ》の館《やかた》の模型《もけい》が、人気をよんでいる。

〒594-0083
大阪府《おおさかふ》和泉《いずみ》市池上《いけがみ》町4-8-27
☎0725-46-2162

吉野ヶ里歴史《よしのがりれきし》公園

日本最大級《さいだいきゅう》の環濠集落《かんごうしゅうらく》、吉野ヶ里《よしのがり》遺跡《いせき》が公園内にある。環濠集落《かんごうしゅうらく》ゾーンには弥生《やよい》時代のムラが復元《ふくげん》されており、実物大の住居《じゅうきょ》、集会所、祭壇《さいだん》などにふれて、弥生《やよい》時代の暮《く》らしを体感することができる。

〒842-0035
佐賀《さが》県神埼郡《かんざきぐん》吉野ヶ里《よしのがり》町田手《たで》1843
☎0952-55-9333

吉野ヶ里遺跡《よしのがりいせき》を空から見たところ。

Column

邪馬台国《やまたいこく》から魏《ぎ》の国への道すじは？

『魏志倭人伝《ぎしわじんでん》』には邪馬台《やまたい》国《こく》までの道すじがしるされているが、どれくらいの距離《きょり》なのかはっきりしていない。

邪馬台国《やまたいこく》の場所として現在《げんざい》有力《ゆうりょく》な説《せつ》は、北九州と近畿《きんき》地方である。それぞれの説《せつ》のなかでも、当時どの道すじをとおったか、どこにどの国があったかなど、研究者によって意見が分かれている。

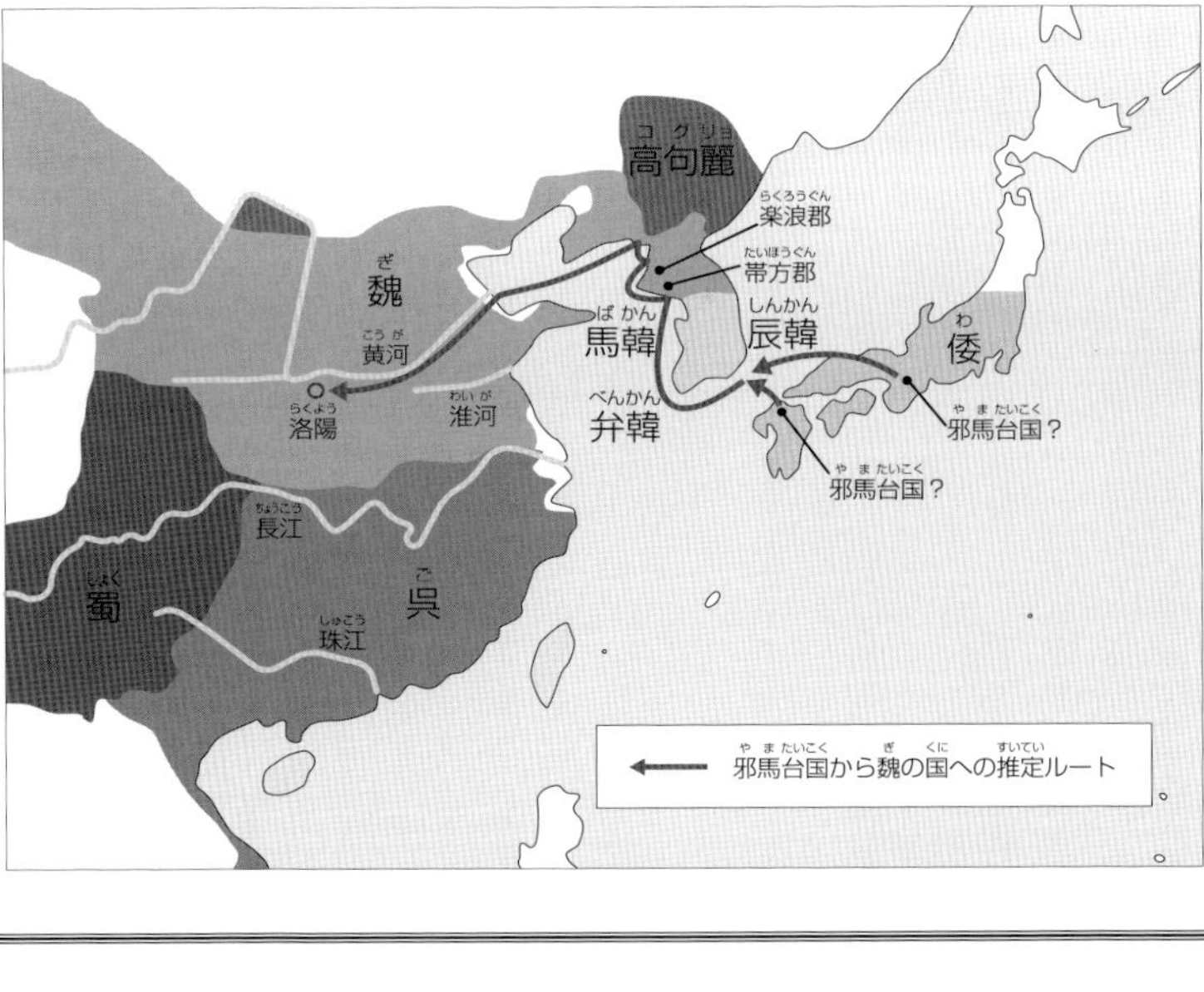

登呂《とろ》公園

弥生《やよい》時代後期のムラの遺跡《いせき》、登呂《とろ》遺跡《いせき》に整備《せいび》された公園。水田跡《すいでんあと》や竪《たて》穴式住居《あなしきじゅうきょ》が復元《ふくげん》されている。

敷地《しきち》内に建《た》てられた博物館《はくぶつかん》では、貴重《きちょう》な出土品を見ることができる。

〒422-8033
静岡《しずおか》市駿河《するが》区登呂《とろ》5-10-5
☎054-285-0476（静岡市立登呂博物館《しずおかしりつとろはくぶつかん》）

伊都国歴史博物館《いとこくれきしはくぶつかん》

伊都国《いとこく》は、邪馬台国《やまたいこく》の時代に存在《そんざい》した小国家。邪馬台国《やまたいこく》の北方監視《かんし》や、中国の魏《ぎ》からの使者をうけいれる窓口《まどぐち》の役割《やくわり》をになっていた、伊都国《いとこく》についての資料《しりょう》を展示《てんじ》している。

〒819-1582
福岡《ふくおか》県糸島《いとしま》市井原《いわら》916
☎092-322-7083

おすすめの本

・『ミネルヴァ日本歴史人物伝《れきしじんぶつでん》　卑弥呼《ひみこ》』ミネルヴァ書房《しょぼう》　2011年刊行《かんこう》
・『女王ヒミコ』さ・え・ら書房《しょぼう》　1981年刊行《かんこう》

ウェブサイト

・邪馬台国《やまたいこく》の会
昭和《しょうわ》58年に発足《ほっそく》した、日本古代史愛好家《こだいしあいこうか》の集まり。サイトにはたとえば、邪馬台国《やまたいこく》があった場所について、畿内説《きないせつ》、九州説《せつ》、そのほかの説《せつ》など、それぞれの解説《かいせつ》が分かりやすくまとめてある。
http://yamatai.cside.com/

第二話

聖徳太子《しょうとくたいし》の国づくり

～日出《ひい》ずる処《ところ》の天子《てんし》、理想の国家を求《もと》めて～

活躍《かつやく》した時代とは？

六世紀《せいき》なかばの日本では、飛鳥《あすか》地方におかれた政権《せいけん》が広い範囲《はんい》を支配《しはい》し、政治《せいじ》をおこなっていた。豪族《ごうぞく》たちは天皇《てんのう》とのむすびつきを求《もと》め、たがいにその権力《けんりょく》を強めようとしていた。

そのころ朝鮮《ちょうせん》半島から仏教《ぶっきょう》がつたわると、それを取りいれるかどうかで、豪族《ごうぞく》の二大勢力《せいりょく》、蘇我《そが》氏《し》と物部《もののべ》氏《し》ははげしく対立した。

それまで人々は自然《しぜん》にやどる神々を信《しん》じていて、仏教《ぶっきょう》のうけいれに反対の声も多かった。その代表が物部《もののべ》氏《し》であり、仏教《ぶっきょう》とともにすすんだ文化を取りいれようとしたのが、蘇我《そが》氏《し》である。蘇我稲《そがのいな》目《め》、物部尾輿《もののべのおこし》のあらそいは、そのつぎの世代、蘇我馬子《そがのうまこ》、物部守屋《もののべのもりや》まで、えんえんとつづいていた。

聖《しょう》徳《とく》太《たい》子《し》が

のちに聖徳太子《しょうとくたいし》とよばれる厩戸《うまやど》の皇子《おうじ》が生まれたのは、そんな時代であった。日本という国家のいしずえをきずいた聖徳太子《しょうとくたいし》の一生と、その偉業《いぎょう》にせまる。

蘇我《そがの》馬子《うまこ》

(生年不詳《せいねんふしょう》〜 626年)

有力な政治家《せいじか》で、仏教《ぶっきょう》や大陸《たいりく》文化を積極的《せっきょくてき》に取りいれようとした。娘《むすめ》を天皇《てんのう》にとつがせることで関係《かんけい》を強くし、蘇我氏《そがし》の全盛《ぜんせい》時代をきずく。寺の建立《こんりゅう》や歴史《れきし》書《しょ》の制作《せいさく》にも力をつくした。

小野妹子《おののいもこ》(生没年不詳《せいぼつねんふしょう》)

地方の豪族《ごうぞく》。冠位《かんい》は低《ひく》いが優秀《ゆうしゅう》な役人で、隋《ずい》への使者となる。隋《ずい》の煬帝《ようだい》に会い、国書《こくしょ》を提出《ていしゅつ》。隋《ずい》の役人裴世《はいせい》清《せい》とともに帰国し、よく年留学生《りゅうがくせい》をともなって、ふたたび隋《ずい》にわたる。

裴世清《はいせいせい》

(生没年不詳《せいぼつねんふしょう》)

隋《ずい》の国の役人。隋《ずい》の皇《こう》帝《てい》、煬帝《ようだい》の命令《めいれい》により、小野妹子《おののいもこ》の帰国にともない使者として来日。

人物紹介《じんぶつしょうかい》

厩戸《うまやど》の皇子《おうじ》

（のちの聖徳太子《しょうとくたいし》 574 ～ 622年）

用明天皇《ようめいてんのう》の皇子《おうじ》で、推古天皇《すいこてんのう》の摂政《せっしょう》（天皇《てんのう》にかわって政治《せいじ》をおこなう人）となる。朝鮮《ちょうせん》半島や大陸《たいりく》の情勢《じょうせい》にくわしく、冠位十二階《かんいじゅうにかい》や十七条《じゅうしちじょう》の憲法《けんぽう》などすぐれた制度《せいど》を取りいれ、国家の基礎《きそ》をつくった。仏教《ぶっきょう》の研究や歴《れき》史書作成《ししょさくせい》にも力をつくした。死後も長くその業績《ぎょうせき》がたたえられ、聖《しょう》徳太子《とくたいし》とよばれる。

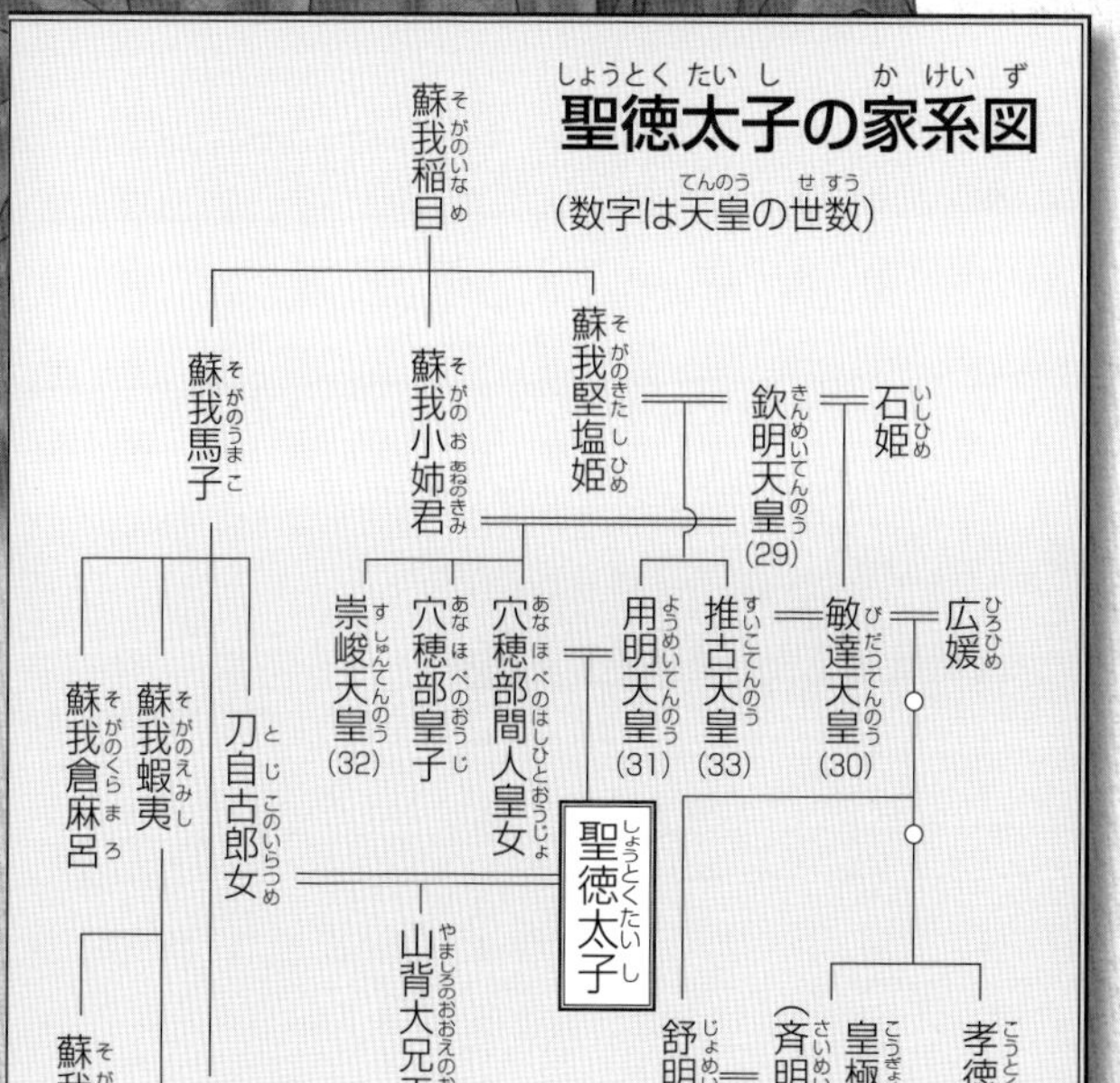

推古天皇《すいこてんのう》

（554 ～ 628年）

敏達天皇《びだつてんのう》の皇后《こうごう》であったが、崇峻天皇《すしゅんてんのう》の死後、はじめての女帝《じょてい》として即《そく》位《い》する。おいである厩戸《うまやど》の皇子《おうじ》を摂政《せっしょう》にし、政《せい》治《じ》の改革《かいかく》をおこなった。

厩戸《うまやど》の皇子《おうじ》

用明天皇《ようめいてんのう》がまだ※皇太弟《こうたいてい》だったころ、ひとりの男の子が誕生《たんじょう》した。その男の子はすくすくと元気にそだち、小さいころからかしこさがきわだっていた。

ある日男の子は、庭にさく桃《もも》の花と松《まつ》と、どちらがすきかたずねられた。まわりの人々は、小さな子どもだから、きっと愛《あい》らしい桃《もも》の花をえらぶにちがいないと思った。

しかし男の子は、こうこたえた。

「松《まつ》のほうがすき。だって桃《もも》の花はすぐにちるけれど、松《まつ》はいつまでも緑だから。」

これをきいた父親の皇子《おうじ》も、まわりの人々も、そのかしこさに感心し、男の子の将来《しょうらい》を大いに期待した。そして男の子は、その期待をうらぎらなかった。

厩戸《うまやど》の前で生まれたので厩戸《うまやど》の皇子《おうじ》と名づけられた男の子は、のちに聖徳太子《しょうとくたいし》とよばれ、日本の歴史《れきし》に偉大《いだい》なその名をのこしたのである。

※**皇太弟**《こうたいてい》　天皇《てんのう》の弟で、天皇《てんのう》の位《くらい》をつぐ権利《けんり》をもつ者。

時は敏達天皇《びだつてんのう》の世、強力な豪族《ごうぞく》のひとりであった蘇我馬子《そがのうまこ》のもとへ、早馬の知らせがとどいた。

「何？　石川《いしかわ》の仏堂《ぶつどう》が焼《や》かれただと！」

馬子《うまこ》は、怒《いか》りにふるえながら立ちあがった。

仏堂《ぶつどう》が焼《や》かれたうえ、そこで仏教《ぶっきょう》を学んでいた三人の若《わか》い尼僧《にそう》はしばりあげられ、境内《けいだい》の仏塔《ぶっとう》はたおされたというのである。

「うーむ、にっくき物部守屋《もののべのもりや》のやつめ！」

馬子《うまこ》はじだんだをふんで、物部《もののべ》の屋敷《やしき》のある方角をにらみつけた。

このころ、政治《せいじ》の二大勢力《せいりょく》、蘇我馬子《そがのうまこ》と物部守屋《もののべのもりや》は、仏教《ぶっきょう》をめぐって、親の代からの長年にわたる対立をつづけていた。

日本古来の神をまもりつづけようという物部氏《もののべし》と、あたらしく入ってきた仏教《ぶっきょう》をさかんにし、それにともなう文化も取りいれようという蘇我氏《そがし》。

何年もつづいているその対立は、もはや宗教《しゅうきょう》のあらそいというよりも、おたがいの権力《けんりょく》をきそいあうようなものになってきている。

その物部氏《もののべし》が、蘇我氏《そがし》が仏像《ぶつぞう》をまつっている仏堂《ぶつどう》を焼《や》きはらったのである。これはもうあきらかに、蘇我氏《そがし》への挑発《ちょうはつ》である。

「このままではおくものか！」

はげしい怒《いか》りのため、馬子《うまこ》の髪《かみ》はさかだつほどであった。しかし、この時運悪く、馬子《うまこ》ははやり病《やまい》にたおれてしまった。寝床《ねどこ》で歯ぎしりをしながらも、身動きができなかった。

敏達天皇《びだつてんのう》も時を同じくして、そのはやり病《やまい》にかかった。馬子《うまこ》はやがて快復《かいふく》したが、天皇《てんのう》はついにたすからず、亡《な》くなってしまった。

すると今度は、つぎの天皇《てんのう》をだれにするかという問題で、蘇我氏《そがし》と物部氏《もののべし》はいよいよはげしくあらそった。仏堂《ぶつどう》を焼《や》かれたうらみもかさなって、馬子《うまこ》の怒《いか》りのこもった奮闘《ふんとう》はすさまじく、かなり強引《ごういん》な裏工作《うらこうさく》もあったといわれている。

その成果《せいか》があって、馬子《うまこ》のおす欽明天皇《きんめいてんのう》の皇子《おうじ》、大兄皇子《おおえのおうじ》が用明天皇《ようめいてんのう》になった。厩戸《うまやど》の皇子《おうじ》の父親である。

これで、蘇我氏《そがし》のほうが優位《ゆうい》に立ったかのように思われたが、それもつかのまのことであった。用明天皇《ようめいてんのう》は即位後《そくいご》半年で病《やまい》にたおれ、一年もたたないうちに、やはり亡《な》くなってしまったのだ。

権力《けんりょく》あらそいは、またふりだしにもどった。

「今度こそ、われらがおす穴穂部皇子《あなほべのおうじ》を！」

物部守屋《もののべのもりや》がそうさけぶと、蘇我馬子《そがのうまこ》も負けてはいない。

「何の、ここはぜひとも、泊瀬部皇子《はつせべのおうじ》さまでなくては！」

後継者《こうけいしゃ》問題にふたたび火がつき、蘇我氏《そがし》と物部氏《もののべし》は、ますますはげしいあらそいのうずへとつきすすんでいったのである。

厩戸《うまやど》の皇子《おうじ》が、生まれ、そしてそだったのは、こうしたふたつの勢力《せいりょく》が権力《けんりょく》をめぐって火花をちらし、あらそいつづける世の中であった。

どこまでもつづく飛鳥《あすか》の草原を、二頭の黒い馬が風を切ってかけぬける。馬は小高い丘《おか》にさしかかると走りをゆるめ、やがて一本の木の下であゆみをとめた。

「皇子《おうじ》さまの馬のり、みごとに上達《じょうたつ》なされました。わたくしはもう、かないません。」

舎人《とねり》（皇族《こうぞく》を護衛《ごえい》する家来《けらい》）の直丸《なおまる》は、あらい息をはきながら、それでもうれしそうにいった。

「何をいう。わたしに馬ののりかたをおしえてくれたのは、そなたではないか。」

厩戸《うまやど》の皇子《おうじ》はそういうと、ひらりと馬からおりたった。

丘《おか》から見おろす飛鳥《あすか》の里は、川がゆったりとながれ、稲田《いなだ》は豊《ゆた》かにひろがっている。

「こうやって見ると世の中は、とても平和に見える。山も川も、そして稲田《いなだ》も、しずかにそのすがたを横たえている。なのに、どうして人はあらそい、にくみあうのだろうか。のう、直丸《なおまる》、おしえてくれないか。」

十四才とは思えない、そのおとなびた表情《ひょうじょう》に、直丸《なおまる》は厩戸《うまやど》の皇子《おうじ》のなみなみならぬくるしみをよみとった。

父親である用明天皇《ようめいてんのう》の死、そしてそれにつづく身のまわりのあらそいごと。それは感じやすい年ごろの少年にとって、どれほどのものであったことか。

厩戸《うまやど》の皇子《おうじ》は幼《おさな》い時から、父親の用明天皇《ようめいてんのう》のすすめもあって、仏教《ぶっきょう》について学んでいた。

そして、その教えに深く心をうたれていた。

百済《くだら》で学んできた僧《そう》の話をきき、仏《ほとけ》の教えがかかれた書物をよむと、厩戸《うまやど》の皇子《おうじ》の心は、おだやかにみたされた。

「人はみな平等に、しあわせにならねばならないのだ。」

心からそう思う。

しかし、書物でよみ、僧《そう》からきくしあわせの世界とくらべて、現実《げんじつ》の世は何とちがっているることか。人と人とがにくみあい、血をながしてころしあっている。その矛盾《むじゅん》を思うと、厩《うまや》戸《ど》の皇子《おうじ》の心はいたみ、悲《かな》しみにしずむのであった。

「穴穂部皇子《あなほべのおうじ》が、馬子《うまこ》を消そうとしているらしいぞ。」

「いや、もうひそかに兵《へい》をあつめているときいたが。」

ちまたに、そんなうわさがささやかれだした。穴穂部皇子《あなほべのおうじ》とは、亡《な》くなった用明天皇《ようめいてんのう》の母のことなる弟で、物部守屋《もののべのもりや》が、つぎの天皇《てんのう》へと推薦《すいせん》している皇子《おうじ》だ。

それが耳に入った穴穂部皇子《あなほべのおうじ》自身は、とまどった。

「いや、たしかにかってなふるまいばかりしている馬子《うまこ》を、こころよくは思っていないが、ころしてしまおうなどとは、けっして……。」

皇子《おうじ》はあわてて否定《ひてい》した。

しかし、うわさをながした者にとっては、穴穂部皇子《あなほべのおうじ》の本心がどうであるかは、問題ではなかった。皇子《おうじ》が謀反《むほん》をくわだてているらしいと世間にひろまれば、それでいいのである。

うわさは、皇子《おうじ》を消すための口実であった。

まもなく、穴穂部皇子《あなほべのおうじ》は暗殺《あんさつ》された。

犯人《はんにん》はいわずと知れたことである。馬子《うまこ》が直接《ちょくせつ》手をくださずとも、その命令《めいれい》でうごいただれかの手によるものであることは、まちがいなかった。

蘇我氏《そがし》、物部氏《もののべし》、両者のあらそいは、一気に頂点《ちょうてん》にたっした。

持国天《じこくてん》、増長天《ぞうちょうてん》、広目天《こうもくてん》、多聞天《たもんてん》。この四体をあわせて四天王《してんのう》とよぶ。ともに、帝釈天《たいしゃくてん》につかえ、東西南北の四方をまもるといわれる仏像《ぶつぞう》だ。戦《いくさ》の守りとして信《しん》じられている。かんたんに屋根をさしかけた戦場《せんじょう》の見はり所、そのおくまったところで、厩戸《うまやど》の皇子《おうじ》は、この四体の仏像《ぶつぞう》に一心にいのっていた。

「どうか、早くこの戦《いくさ》を終わらせてください。」

厩戸《うまやど》の皇子《おうじ》は、十四才にしてはじめて戦《たたか》いの場に足をふみいれた。

ここは、蘇我馬子《そがのうまこ》の陣地《じんち》。皇子《おうじ》の両親は、ともに馬子《うまこ》と血縁《けつえん》がある。また皇子《おうじ》の父、用明《ようめい》天皇《てんのう》を強くおしてその地位《ちい》につけたのも、馬子《うまこ》である。馬子《うまこ》から見た厩戸《うまやど》の皇子《おうじ》は、先の天《てん》皇《のう》の皇子《おうじ》というあがめる関係《かんけい》と、大叔父《おおおじ》という保護者的《ほごしゃてき》なまなざしとがあった。いずれにしても、強いむすびつきがあったのである。

皇子《おうじ》という身分では、戦場《せんじょう》にやってきたといっても、直接《ちょくせつ》刀をもったり弓《ゆみ》をひいたりすることはない。しかし、その興奮《こうふん》はじゅうぶんすぎるくらいつたわってくる。

いまいる高台から見おろすと、青々とした稲田《いなだ》を切りさくように、川がながれている。その川のあたりで、蘇我《そが》と物部《もののべ》とのはげしい戦《たたか》いがくりひろげられていた。

刀がぶつかりあう音にまじって、兵士《へいし》たちのおたけびと怒号《どごう》が、厩戸《うまやど》の皇子《おうじ》のいるこの見はり所までできこえてくる。時には風が、血のにおいまでもはこんでくる。

「よしよし、もうひと息で、わが軍《ぐん》の勝利《しょうり》じゃ。」

蘇我軍《そがぐん》のほうが有利《ゆうり》とあって、きげんのいい馬子《うまこ》が、ひげをしごきながらやってきた。そして、厩戸《うまやど》の皇子《おうじ》のようすを見て、満足《まんぞく》そうにうなずいた。

「皇子《おうじ》、わが軍《ぐん》の勝利《しょうり》となるよう、おたのみなされていたのか？」

しかし、厩戸《うまやど》の皇子《おうじ》は勝利《しょうり》をねがっていたのではなかった。

この血なまぐさい戦《いくさ》というものを、少しでも早く終わらせたい、その思いだけであった。

「四天王《してんのう》がわれらの願《ねが》いをききとどけてくださったあかつきには、四天王《してんのう》のためにりっぱな寺を建《た》ててさしあげましょうぞ。わっはっはっは……。」

馬子《うまこ》は体をゆするような高笑《たかわら》いとともに、また見はり所へともどっていった。

五八七年、物部守屋《もののべのもりや》は討《う》たれ、その一族もことごとくほろんだ。蘇我氏《そがし》の大勝利《だいしょうり》で、この親の代からつづく長いあらそいに幕《まく》がおろされた。

推古天皇《すいこてんのう》の摂政《せっしょう》として

時は大きく、そしてめまぐるしくながれた。

蘇我馬子《そがのうまこ》の勝利《しょうり》により、泊瀬部皇子《はつせべのおうじ》が崇峻天皇《すしゅんてんのう》となった。世の中は、これでもう馬子《うまこ》の天下である。

権力《けんりょく》をにぎった馬子《うまこ》は、世の中のすべてをうごかそうとした。天皇《てんのう》までも支配《しはい》し、崇峻天皇《すしゅんてんのう》は、天皇《てんのう》という名のかざり物でしかなかった。

そのことに反発し、馬子《うまこ》にはむかおうとした崇峻天皇《すしゅんてんのう》は、即座《そくざ》に命を消された。ひそかにおこなわれたことではあったが、おそらくこれも、馬子《うまこ》の手の者によると思われた。

五九三年、そのあとに天皇《てんのう》として立ったのは、用明天皇《ようめいてんのう》の妹で、推古天皇《すいこてんのう》とよばれた女帝《じょてい》である。敏達天皇《びだつてんのう》の皇后《こうごう》であった人で、馬子《うまこ》の姪《めい》、厩戸《うまやど》の皇子《おうじ》にとっては叔母《おば》にあたる人である。

その推古天皇《すいこてんのう》からのよびだしをうけて、厩戸《うまやど》の皇子《おうじ》は出かけていった。皇子《おうじ》はこの時二十才になっていた。

「皇子《おうじ》、そなたにわたしの仕事を手つだってもらいたいのです。これまで女性《じょせい》の天皇《てんのう》はいませんでした。はじめての女帝《じょてい》としてのわたしに、目のとどかないところ、たりないところをおぎなってほしいのです。」

推古天皇《すいこてんのう》は、厩戸《うまやど》の皇子《おうじ》を幼《おさな》い時からよく知っている。厩戸《うまやど》の皇子《おうじ》の聡明《そうめい》さ、すぐれた人間性《にんげんせい》を見て、まつりごとを共同《きょうどう》でおこなうにふさわしいと賢明《けんめい》な判断《はんだん》をしたものと思われる。

「しかし、わたくしにはまつりごとの世界はむかないように思えるのですが……。」

厩戸《うまやど》の皇子《おうじ》は、推古天皇《すいこてんのう》の申し出を即座《そくざ》にうけることはできなかった。

これまで見てきた、権力《けんりょく》あらそいの世界。にくんだりうらんだりしたはての、策略《さくりゃく》や陰謀《いんぼう》。そんなものからは遠くはなれて、仏《ほとけ》の説《と》くしずかな心の世界ですごしていたかったのだ。

「そなたの気持ちは分かります。でもわたしは、そなたがいつもいっている、みなが平等で、しあわせになれる世の中というもの、それをかなえてみたいのです。仏《ほとけ》の世界のことを学んだ皇子《おうじ》ならできます。いいえ、皇子《おうじ》にしかできないことです。」

みなが平等に、しあわせになれる世界！　推古天皇《すいこてんのう》の口からきいて、そのことばがあらためて厩戸《うまやど》の皇子《おうじ》の心にしみた。

「しばらく考えさせてください。」

天皇《てんのう》のもとからの帰り道、厩戸《うまやど》の皇子《おうじ》は、馬を走らせた。行先は、少年のころよく行ったあの丘《おか》である。同じように川はゆうゆうとながれ稲田《いなだ》は美しくひろがっている。

厩戸《うまやど》の皇子《おうじ》は、かつてここで平和について思いをめぐらせたのを思いだした。

「みなが平等に、しあわせになれる世の中……。」

そして心はきまった。

「仏《ほとけ》の教えにそったしあわせな国づくり、わたしにもできるかもしれない。」

それからの厩戸《うまやど》の皇子《おうじ》は、推古天皇《すいこてんのう》の摂政《せっしょう》として、めざましい活躍《かつやく》をするのであった。

五九四年。

「仏教《ぶっきょう》をこの国にひろめ、さかんにするように。」

推古天皇《すいこてんのう》は、正式に仏教《ぶっきょう》をみとめるおふれを出した。

これで、かねてから仏教《ぶっきょう》を取りいれることを主張《しゅちょう》してきた馬子《うまこ》、そして仏教《ぶっきょう》の教えにそったまつりごとをおこないたいと考える厩戸《うまやど》の皇子《おうじ》。三人の気持ちがひとつになった。

戦時《せんじ》に約束《やくそく》した四天王寺《してんのうじ》をはじめとして、あちこちに寺が建《た》てられた。

ここは、推古天皇《すいこてんのう》がまつりごとをする小墾田宮《おはりだのみや》である。

ある日、役人たち全員がここにあつめられた。あらたまった発表があるというので、みな緊張《きんちょう》した表情《ひょうじょう》である。

馬子《うまこ》を先頭に、推古天皇《すいこてんのう》、厩戸《うまやど》の皇子《おうじ》と、三人がつづいて入ってきた。

「これより、あたらしい冠位《かんい》についての発表をする。」

馬子《うまこ》がその堂々《どうどう》とした胸《むね》をそらせて、申しわたした。

「冠《かんむり》の色により、位《くらい》を十二に分ける。そのはたらきによって、ふさわしい色の冠《かんむり》があたえられる。国内はもとより、ほかの国からきた者にも、ひと目で位《くらい》が分かって、つごうがいいというものだ。ここにあつまったかたがたにも、せいぜいつとめにはげんでいただこう。」

これまでは、親からの代々の身分がそのままうけつがれていた。極端《きょくたん》にいえば、本人にその能力《のうりょく》がなくても、親がその位《くらい》についていたというだけで、高い身分やむずかしい役職《やくしょく》につくこともあったのである。そして、どんなにすぐれた能力《のうりょく》をもっていても、親が低《ひく》い身分の者は、永久《えいきゅう》に責任《せきにん》のある職《しょく》にはつけなかった。

それが今回のあたらしい冠位《かんい》の制度《せいど》では、本人の努力《どりょく》しだいで位《くらい》を上がっていくこともできるし、逆《ぎゃく》にいえば、努力《どりょく》しない人間は落とされていくということである。身分の低《ひく》い家柄《いえがら》の者でも、すぐれたはたらきをして、それがみとめられれば道はひらけるのである。これは、はたらく者の意欲《いよく》をかきたてる。

「そ、それはまたあたらしい考えで……。」

高い身分にいすわって、ろくな仕事をしなかった者は青ざめる。

「よし、やってやるぞ！」

低《ひく》い身分ながら、しっかりとしたこころざしをもった者は、ふるいたつ。

厩戸《うまやど》の皇子《おうじ》が、高句麗《こうくり》、百済《くだら》、新羅《しらぎ》の三国の制度《せいど》を参考《さんこう》にし、この国にあうようにねりなおしてつくった画期的《かっきてき》な制度《せいど》であった。

推古天皇《すいこてんのう》が馬子《うまこ》にうながされて、ことばを発した。

「冠《かんむり》は、天皇《てんのう》であるこのわたしが判断《はんだん》して、わたしの手でさずけます。」

このことばは、大きな意味をもっていた。天皇《てんのう》が冠《かんむり》をさずける、つまり、この国でもっとも力をもつのは天皇《てんのう》であることをしめしていた。

六〇三年に制定《せいてい》されたこのあたらしい制度《せいど》は、冠位十二階《かんいじゅうにかい》とよばれる。

天皇《てんのう》を中心として、ひとつにまとまった国家をつくっていこうという厩戸《うまやど》の皇子《おうじ》の、理想のひとつの実現《じつげん》であった。

このところ、厩戸《うまやど》の皇子《おうじ》は屋敷《やしき》にこもりっきりであった。

たくさんの書物をかたわらにおいて、高句麗《こうくり》からやってきた僧《そう》、恵慈《えじ》たちと、毎日話しあっては、文書を作成《さくせい》している。

「ほほう、なかなかむずかしいものですなあ。」

馬子《うまこ》が入ってきて、のぞきこむ。

馬子《うまこ》も時には話に加《くわ》わるが、高度な学問をおさめた僧《そう》たちや厩戸《うまやど》の皇子《おうじ》についていくのは、なかなか困難《こんなん》なことであった。しかし逆《ぎゃく》に、長年まつりごとを実践《じっせん》してきた者だけに分かるひらめきのような助言《じょげん》をして、皇子《おうじ》たちをおどろかせることもある。

いま彼《かれ》らが取りくんでいるものは、憲法《けんぽう》であった。

厩戸《うまやど》の皇子《おうじ》は、最後《さいご》の文字をかきおえると筆をおいた。

「これは、この国がこれからすすもうとしている道をしめしたものだ。天皇《てんのう》にも内容《ないよう》をおきかせして、よろこんでもらった。みなにもぜひ理解《りかい》してもらいたい。」

「では、さっそく披露《ひろう》の場をもうけましょう。」

六〇四年四月、日本ではじめての憲法《けんぽう》が発表された。憲法《けんぽう》といっても法律《ほうりつ》ではなく、まつ

りごとをおこなっていくうえでの心構《こころがま》えや、規律《きりつ》のようなものだ。

はききよめられた小墾田宮《おはりだのみや》。役人のひとりが、まあたらしい白木《しらき》の台をささげもってきた。

厩戸《うまやど》の皇子《おうじ》はそこから文書を取りあげ、あつまった役人たちの前で、おもむろによみはじめた。

「一、和をもってたっとしとなす。」

人と人とがあらそわず、なかよくすることが人間にとっていちばん大切なことだといっている。

「二、あつく三宝《さんぽう》をうやまえ。」

三宝《さんぽう》とは、仏法僧《ぶっぽうそう》の三つのことであり、仏《ほとけ》の教えは何よりもとうといので、これをみなで信《しん》じ、大事にしていこうということである。

「三、みことのりをうけたまわりてはかならずつつしめ。」

天皇《てんのう》の命令《めいれい》があれば、かならずそれにしたがわねばならないということ。

それは十七条《じゅうしちじょう》までつづいた。ひとつひとつよみあげながら、厩戸《うまやど》の皇子《おうじ》は自分の気持ちがしっかりとかたまっていくのがわかった。

天皇《てんのう》を最上段《さいじょうだん》にすえ、とうとい仏教《ぶっきょう》の教えをまもりながら、みなが平等でしあわせになれる世界。その実現《じつげん》にむけて、厩戸《うまやど》の皇子《おうじ》は着々とあゆみをすすめていた。

日《ひ》出《い》ずる処《ところ》の天子《てんし》

数年前から建設《けんせつ》に取りかかっていた斑鳩宮《いかるがのみや》が完成《かんせい》し、六〇五年、厩戸《うまやど》の皇子《おうじ》はそこにうつりすんだ。

飛鳥《あすか》からはなれた斑鳩《いかるが》はしずかで、厩戸《うまやど》の皇子《おうじ》は仏教《ぶっきょう》の研究に没頭《ぼっとう》することができた。長年取りくんできた「勝鬘経《しょうまんぎょう》」をわかりやすく解釈《かいしゃく》する研究もすすんでいる。

世の中に仏教《ぶっきょう》がひろまり定着するにつれて、各地《かくち》に寺院もぞくぞくと建立《こんりゅう》された。そして、その教えの内容《ないよう》を、もっと深く、もっとくわしく知りたいという気持ちが、人々のあいだで高まってきていた。

ある日、推古天皇《すいこてんのう》から厩戸《うまやど》の皇子《おうじ》へ、じきじきの願《ねが》いごとがあった。

「仏《ほとけ》の教えはとうといと思いますが、むずかしいところがあります。わたしにも分かるように、もっとやさしくおしえてもらえませんか?」

そこで厩戸《うまやど》の皇子《おうじ》は、「勝鬘経《しょうまんぎょう》」を取りあげて講義《こうぎ》をすることにした。それはインドの高貴《こうき》な女性《じょせい》を語り手として仏《ほとけ》の教えをやさしく説《と》いた経典《きょうてん》で、天皇《てんのう》の境遇《きょうぐう》にふさわしい内容《ないよう》だと思われたからだ。

その講義《こうぎ》のうわさをきいて、天皇《てんのう》のほかにも、馬子《うまこ》やおもだった役人などもつめかけてきた。そしてひとつひとつうなずきながら、皇子《おうじ》の話に熱心《ねっしん》にききいった。

厩戸《うまやど》の皇子《おうじ》は、こののち、この「勝鬘経《しょうまんぎょう》」のほかに、「法華経《ほけきょう》」「維摩経《ゆいまぎょう》」の三つの経典《きょうてん》について、自分の意見を加《くわ》えながらやさしく解釈《かいしゃく》した書物をかいている。

仏教《ぶっきょう》に対する知識《ちしき》の量《りょう》や深さにおいて、厩戸《うまやど》の皇子《おうじ》をしのぐ者は、当時の世にはだれもいなかった。

「天皇《てんのう》を中心とする体制《たいせい》はかたまり、仏教《ぶっきょう》もひろまった。今度は、外に目をむけるべき時かもしれない。」

厩戸《うまやど》の皇子《おうじ》は、最近《さいきん》そう思うようになっていた。たまたま用事でやってきた馬子《うまこ》に、そのことを話してみる。

「百済《くだら》、新羅《しらぎ》、高句麗《こうくり》とはひんぱんに行き来して、さまざまなことをおしえてもらった。今度は、その向こうの大国、隋《ずい》に目をむけるべきではないか。」

馬子《うまこ》も、深くうなずいて同意した。

「この国のさらなる発展《はってん》のためにも、隋《ずい》とはぜひ交流をもっていたいものですな。」

「ではさっそくつかいをおくることにしよう。」

隋《ずい》へのつかいには、小野妹子《おののいもこ》がえらばれた。地方豪族《ちほうごうぞく》で身分は高くはないが、頭脳明晰《ずのうめいせき》で機転《きてん》のきく役人である。

「行ってまいります。かならずや、任務《にんむ》ははたしてまいります。たとえわたしの命にひきかえましても。」

小野妹子《おののいもこ》は、悲壮《ひそう》な決意であいさつをした。何しろ、航海《こうかい》のすべがまだじゅうぶんには発《はっ》達《たっ》していない時代である。命がけで行く旅なのだ。

通訳《つうやく》やおおぜいのお供《とも》をつれ、そして隋《ずい》へのおくり物をもって、妹子《いもこ》は、難波《なにわ》の港から船出していった。


「日出《ひい》ずる処《ところ》の天子《てんし》、書を日没《ひぼっ》するところの天子《てんし》にいたす。つつがなきや。」

厩戸《うまやど》の皇子《おうじ》が、天皇《てんのう》になりかわってかいた国書《こくしょ》である。「日の出の国の天皇《てんのう》から、手紙を日没《にちぼつ》の国の天皇《てんのう》におくります。お元気ですか？」というような意味合いだった。

これをよむなり、隋《ずい》の煬帝《ようだい》は火のようにおこったという。

「未開《みかい》の小国のくせにけしからん！　こんなもの、二度とわしに見せるでない！」

たしかに隋《ずい》から見ると、東のはての文化もおくれた小さな国である。それなのに、まるで友人にでも出すような対等な立場でものをいっている。本来ならもっとへりくだって、ごきげんを取るような手紙であるべきだったのかもしれない。超大国《ちょうたいこく》の煬帝《ようだい》が怒《いか》りくるうのも、もっともなことである。

妹子《いもこ》は青ざめた。これでは隋《ずい》との国交どころか、この場で首をはねられてもしかたがない。

ところが煬帝《ようだい》は、意外なことをいいだした。

「だれかこのぶれい者の国へ行って、どんな国かしっかり見てまいれ。」

そして、その役目を家来《けらい》の裴世清《はいせいせい》に命じたのである。

その背景《はいけい》には、朝鮮《ちょうせん》半島を制覇《せいは》しようとしているいま、その先にある国とは、ことをあらだてずうまくつきあっていたほうがいいだろうというおもわくもあったようだ。

妹子《いもこ》が裴世清《はいせいせい》をともなって帰ってくると、国じゅう大さわぎになった。なにしろ隋《ずい》はくらべようもないほどの大国である。そこから皇帝《こうてい》のじきじきの使者がきたとなると、たいへんなことだった。

大国の使者をもてなすために、まずは船が到着《とうちゃく》した難波《なにわ》の港で、うたげやもよおし物がさかんにおこなわれた。

「東のはてのぶれいな国は、いったいどんな下等な国であろうか。」

そう思ってやってきた裴世清《はいせいせい》は、この国の意外なりっぱさにおどろき、そのもてなしぶりに大いに気をよくしたのであった。


その間、妹子《いもこ》は天皇《てんのう》に帰国の報告《ほうこく》をするために、小墾田宮《おはりだのみや》に出むいた。

しかし妹子《いもこ》は、とうぜんもちかえるはずの、煬帝《ようだい》からの返書をもっていなかった。

「何？　煬帝《ようだい》からの返書をぬすまれただと？」

話をきいて、馬子《うまこ》は怒《いか》りくるった。

「ははーっ、申しわけもございません。」

妹子《いもこ》は、はいつくばって顔も上げられない。

「それで国のつかいといえるのか！　冠位《かんい》を下げるどころか、おもい罰《ばつ》だ！」

馬子《うまこ》の怒《いか》りは、とどまるところを知らない。

それまでだまってきいていた厩戸《うまやど》の皇子《おうじ》が、しずかに口をひらいた。

「これにはわけがあるにちがいない。おそらく、わたしがかいた国書《こくしょ》が、煬帝《ようだい》をおこらせたのであろう。それでとうてい天皇《てんのう》にはお見せできないような、怒《いか》りの返書をもたされたのにちがいない。その返書が天皇《てんのう》の目にふれないように、ぬすまれたとうそをいったのだな、妹子《いもこ》。」

厩戸《うまやど》の皇子《おうじ》の問いかけに、妹子《いもこ》は否定《ひてい》もせず、ただだまって頭を下げているばかりであった。そのことが何よりも、事実《じじつ》であることをものがたっていた。

「隋《ずい》からの使者がもどられる時、そのお供《とも》をするという名目で、妹子《いもこ》、もういちど隋《ずい》に行ってきてくれないか。今度は、もう少していねいな国書《こくしょ》をかくとしよう。」

厩戸《うまやど》の皇子《おうじ》のおだやかな笑《わら》いで、妹子《いもこ》の罪《つみ》は問われないですんだのであった。

六〇八年。小野妹子《おののいもこ》は、帰国する裵世清《はいせいせい》にともなって、ふたたび隋《ずい》へむかった。今回は、若《わか》い留学生《りゅうがくせい》四人、学問僧《がくもんそう》四人も同伴《どうはん》している。彼《かれ》らは、隋《ずい》で多くを学び、それをこの国にもたらしてくれるはずである。これからの国をせおっていくあたらしい力であった。

隋《ずい》との行き来がさかんになると、あたらしい文化や技術《ぎじゅつ》がどんどん入ってきた。建築《けんちく》の技《ぎ》術《じゅつ》もすすみ、あたらしい方法《ほうほう》をもちいた寺院建築《けんちく》もあちこちではじまっている。

推古天皇《すいこてんのう》の御代《みよ》になってからすでに二十八年、厩戸《うまやど》の皇子《おうじ》は四十七才になっていた。

斑鳩宮《いかるがのみや》で経典《きょうてん》の研究に没頭《ぼっとう》していた厩戸《うまやど》の皇子《おうじ》は、ひさしぶりにお気にいりの黒馬を走らせた。行先は小墾田宮《おはりだのみや》。推古天皇《すいこてんのう》や馬子《うまこ》とも、ひさしく顔をあわせていない。

「直丸《なおまる》、ついてまいれ！」

舎人《とねり》の直丸《なおまる》をお供《とも》に、飛鳥《あすか》の草原に馬を走らせながら、厩戸《うまやど》の皇子《おうじ》はあらためてこの国を思った。

国内もおさまって反乱《はんらん》や陰謀《いんぼう》が起こる危険性《きけんせい》もない。田畑の開墾《かいこん》もすすみ、技術《ぎじゅつ》の進歩で人々の暮《く》らしも少しずつ豊《ゆた》かになってきた。また、仏教《ぶっきょう》の普及《ふきゅう》で人々の心も安定している。

「ここまでくるには、さまざまなことがあったなあ。」

皇子《おうじ》はすぎたことにも、思いをはせた。そして、ふと心にひらめいたことがあった。

小墾田宮《おはりだのみや》について推古天皇《すいこてんのう》や馬子《うまこ》と顔をあわせた時、皇子《おうじ》はそのことをふたりにうちあけてみた。

「これまでこの国がなしてきたこと、はからずも起きてしまったことなど、この国の歴史《れきし》をしるしておきたいと思うのですが、いかがでしょう。」

「おお、それはよいことを。のちの世の人にとっても、たいへん役に立つことでしょう。」

推古天皇《すいこてんのう》は、手ばなしでよろこばれた。

「うむ、われら蘇我《そが》一族の記録《きろく》ともなることだ。さっそく手配いたしましょう。」

馬子《うまこ》ものり気で、すぐに行動にうつした。

学者や僧《そう》、昔のことをおぼえている老人《ろうじん》たちや語り部《べ》たちが、遠くは※筑紫《つくし》や※越後《えちご》あたりからもよびよせられた。そして、ひとりひとりから話をきいていく。それを、文字にくわしい学問僧《がくもんそう》たちが、つぎつぎとかきしるしていった。できあがったものは、そのつど斑鳩宮《いかるがのみや》にとどけられる。

厩戸《うまやど》の皇子《おうじ》は、それに目をとおしながら、そのひとつひとつに思いをはせた。

これまでのこの国のあゆみ、さまざまな事件《じけん》やできごと。歴代《れきだい》の天皇《てんのう》たちやその皇后《こうごう》、皇《おう》

※筑紫《つくし》　古代《こだい》の九州《きゅうしゅう》地方のこと。
※越後《えちご》　現在《げんざい》の新潟《にいがた》県周辺《しゅうへん》。

子《じ》たち。そしておもだった役人たちとその活躍《かつやく》。

なつかしさと同時に、もう時がもどらない一種《いっしゅ》のさびしさも感じる。

「わたしもずいぶんと、年を取ったものだ。」

皇子《おうじ》はふとつぶやいた。

このようにして、国をあげて取りくんだ歴史書《れきししょ》は、六二〇年、「天皇記《てんのうき》」、「国記《こっき》」として完成《かんせい》した。

よく六二一年の十二月、厩戸《うまやど》の皇子《おうじ》の母君が、高熱《こうねつ》でたおれた。そのころまた、はやり病《やまい》が猛威《もうい》をふるいはじめたのだ。年おいて体力をなくしていた母君は、あっけなく亡《な》くなってしまった。

厩戸《うまやど》の皇子《おうじ》のなげきは、はかりしれなかった。そして、その悲《かな》しみにうちひしがれている時に、病魔《びょうま》は皇子《おうじ》自身におそいかかってきた。年が明けると、今度は皇子《おうじ》が同じはやり病《やまい》にかかってしまったのだ。

高熱《こうねつ》にうかされ、生死の境《さかい》をさまよう皇子《おうじ》は夢《ゆめ》を見ていた。

お気にいりの黒馬にのって、舎人《とねり》の直丸《なおまる》とともに飛鳥《あすか》の草原を走っていた。

「ようし、直丸《なおまる》、競走《きょうそう》だ！」

少年の厩戸《うまやど》の皇子《おうじ》は、馬の腹《はら》をけって、一気に速さをます。

風を切り、空中をとぶかの如《ごと》く。

草原のかなたへむかって、どこまでもどこまでも走りつづけた。

かぎりなく、永遠《えいえん》に。

六二二年二月、厩戸《うまやど》の皇子《おうじ》はその生涯《しょうがい》を終えた。

海外からすぐれた文化を取りいれ、仏教《ぶっきょう》を定着させ、日本が国家として確立《かくりつ》していくその基盤《きばん》をつくった偉大《いだい》な人物であった。

その死後、のこされた妃《きさき》たちの手によって、一枚《まい》の刺繍《ししゅう》の布《ぬの》がつくられた。そこには、皇《おう》子《じ》がつねづね話していた仏《ほとけ》の世界、おだやかなしあわせにみちたその世界のようすが、ひと針《はり》ひと針《はり》、ぬいとられていた。厩戸《うまやど》の皇子《おうじ》、のちに聖徳太子《しょうとくたいし》とよばれたその人が、やっとたどりついた世界であった。

もっと知りたい!

聖徳太子《しょうとくたいし》

聖徳太子《しょうとくたいし》にかかわる資料館《しりょうかん》やゆかりの場所などを紹介《しょうかい》します。歴史《れきし》の知識《ちしき》も深まるよ！

四天王寺《してんのうじ》

聖徳太子《しょうとくたいし》が五九三年に建立《こんりゅう》した、四天王寺《してんのうじ》。その境内《けいだい》にある宝物館《ほうもつかん》には、聖徳太子《しょうとくたいし》にちなんだ貴重《きちょう》な文化《ぶんか》財《ざい》を中心に、およそ五百点の国宝《こくほう》、重要文化財《じゅうようぶんかざい》や寺宝《じほう》を保存《ほぞん》、展示《てんじ》している。

〒543-0051
大阪《おおさか》市天王寺《てんのうじ》区四天王寺《してんのうじ》1- 11-18
☎06-6771-0066

橘寺《たちばなでら》

聖徳太子《しょうとくたいし》誕生《たんじょう》の地とされた場所で、太子《たいし》によって建立《こんりゅう》された寺。寺伝《じでん》によれば、推古《すいこ》十四（六〇六）年、太子《たいし》は推古天皇《すいこてんのう》にこわれて、勝鬘経《しょうまんぎょう》の講《こう》説《せつ》を三日間この地でおこなった。

〒634-0142
奈良《なら》県高市郡《たかいちぐん》明日香《あすか》村橘《たちばな》532
☎0744-54-2026

大聖勝軍寺《たいせいしょうぐんじ》

五八七年、排仏派《はいぶつは》の物部守屋《もののべのもりや》と崇《すう》仏派《ぶつは》の蘇我馬子《そがのうまこ》がこの地で戦《たたか》い、崇《すう》仏派《ぶつは》が勝利《しょうり》した。太子《たいし》は仏法《ぶっぽう》の「和の精神《せいしん》」を後世につたえるため、太《たい》子堂《しどう》（本堂《ほんどう》）を建立《こんりゅう》。自ら十六才の肖像《しょうぞう》をきざみ、安置《あんち》したとつたわる。

〒581-0063
大阪府《おおさかふ》八尾《やお》市
太子堂《たいしどう》3-3-16
☎072-922-3000

中宮寺《ちゅうぐうじ》

聖徳太子《しょうとくたいし》の母、穴穂部間人皇后《あなほべのはしひとこうごう》の御所《ごしょ》を寺にしたとつたえられる。太《たい》子《し》の死後、死を悲《かな》しんだ妃《きさき》によって制作《せいさく》されたとされる、死後の世界のようすを刺繍《ししゅう》させた国宝《こくほう》、天寿国繍《てんじゅこくしゅう》帳《ちょう》がある（実物は奈良国立博物館《ならこくりつはくぶつかん》所《しょ》蔵《ぞう》）。

〒636-0111
奈良《なら》県生駒郡斑鳩《いこまぐんいかるが》町法隆寺北《ほうりゅうじきた》1-1-2
☎0745-75-2106

法隆寺《ほうりゅうじ》 斑鳩宮跡《いかるがのみやあと》

法隆寺《ほうりゅうじ》の東院伽藍《とういんがらん》にあったと推定《すいてい》される、聖徳太子《しょうとくたいし》のすんだ宮。天平《てんぴょう》十一（七三九）年に太子《たいし》の冥福《めいふく》をいのるために夢殿《ゆめどの》（国宝《こくほう》）が建立《こんりゅう》された。「夢殿《ゆめどの》」の名は、太子《たいし》が瞑想《めいそう》にふけった居室《きょしつ》があったことにちなむ。

〒636-0115
奈良《なら》県生駒郡斑鳩《いこまぐんいかるが》町法隆寺山内《ほうりゅうじさんない》1の1
☎0745-75-2555

法輪寺《ほうりんじ》

聖徳太子《しょうとくたいし》の子、山背大兄王《やましろのおおえのおう》が建《た》てたともつたえられる寺。飛鳥《あすか》時代の仏像《ぶつぞう》と、昭和《しょうわ》五十年に再建《さいけん》された飛鳥様式《あすかようしき》の三重塔《さんじゅうのとう》で知られる。江戸《えど》時代につくられた、木製《もくせい》の聖徳太子《しょうとくたいし》二歳像《にさいぞう》が見られる。

〒636-0101
奈良《なら》県生駒郡斑鳩《いこまぐんいかるが》町三井《みい》1570
☎0745-75-2686

甘樫丘《あまかしのおか》

標高《ひょうこう》一四五メートルの小高い丘《おか》で、頂上《ちょうじょう》からは飛鳥全域《あすかぜんいき》をながめられる。この丘《おか》の中腹《ちゅうふく》とふもとに蘇我《そがの》蝦夷《えみし》と入鹿《いるか》親子《おやこ》の屋敷《やしき》があったとされ、近年の発掘調査《はっくつちょうさ》でうらづけられつつある。大化《たいか》の改新《かいしん》で入鹿《いるか》がたおされた直後、蝦夷《えみし》はその屋敷《やしき》に火をかけて自害《じがい》したといわれる。

〒634-0107
奈良《なら》県高市郡《たかいちぐん》明日香《あすか》村豊浦《とようら》

奈良《なら》文化財《ぶんかざい》研究所《けんきゅうじょ》 飛鳥《あすか》資料館《しりょうかん》

奈良《なら》県の明日香《あすか》村にある博物館《はくぶつかん》。飛鳥《あすか》時代や飛鳥《あすか》地方の歴史《れきし》を展示《てんじ》、解説《かいせつ》している。展示品《てんじひん》には、高松塚古《たかまつづかこ》墳《ふん》や飛鳥寺《あすかでら》などから出土した資料《しりょう》がある。

〒634-0102
奈良《なら》県高市郡《たかいちぐん》明日香《あすか》村奥山《おくやま》601
☎0744-54-3561

聖徳太子《しょうとくたいし》御廟《ごびょう》

聖徳太子《しょうとくたいし》と、聖徳太子《しょうとくたいし》の母の穴穂《あなほ》部間人皇后《べのはしひとこうごう》、后《きさき》の膳郎女《かしわでのいらつめ》の三人がほうむられている。のちの時代に聖徳《しょうとく》太子信仰《たいししんこう》の聖地《せいち》となり、空海《くうかい》や親鸞《しんらん》など、多くの高僧《こうそう》がおとずれている。

〒583-0995
大阪《おおさか》府南河内郡《みなみかわちぐん》太子《たいし》町太子《たいし》2146
☎0721-98-0019（叡福寺《えいふくじ》）

東京国立博物館《とうきょうこくりつはくぶつかん》 法隆寺宝物館《ほうりゅうじほうもつかん》

奈良《なら》の法隆寺《ほうりゅうじ》から皇室《こうしつ》に献納《けんのう》され、戦後《せんご》、国に移管《いかん》された宝物《ほうもつ》三百点あまりを収蔵《しゅうぞう》している。平安《へいあん》時代に制作《せいさく》された『聖徳太子絵伝《しょうとくたいしえでん》』がある。

〒110-8712
東京《とうきょう》都台東《たいとう》区上野公園《うえのこうえん》13-9
☎03-5777-8600

おすすめの本

・『ＮＨＫにんげん日本史《にほんし》　聖徳太子《しょうとくたいし》　日《ひ》出《い》ずる国に理想《りそう》を』
理論社《りろんしゃ》　２００４年刊行《かんこう》

・『ミネルヴァ日本歴史人物伝《れきしじんぶつでん》　聖徳太子《しょうとくたいし》』
ミネルヴァ書房《しょぼう》　２０１１年刊行《かんこう》

・『歴史《れきし》絵本　聖徳太子《しょうとくたいし》と四天王寺《してんのうじ》』
善本社《ぜんぽんしゃ》　２００４年刊行《かんこう》

ウェブサイト

・飛鳥《あすか》の扉《とびら》
仏教伝来《ぶっきょうでんらい》から藤原京《ふじわらきょう》までの飛鳥《あすか》時代におこったおもなできごとや人物を、豊富《ほうふ》な画像とともに紹介《しょうかい》。
http://www.asuka-tobira.com/

第三話

大化《たいか》の改新《かいしん》

～蘇我入鹿《そがのいるか》、暗殺《あんさつ》の時～

えた
とは??

聖徳太子《しょうとくたいし》の死後、蘇我氏《そがし》はふたたび勢力《せいりょく》をのばし、独裁的《どくさいてき》な力をふるっていた。

その蘇我氏《そがし》の筆頭《ひっとう》、蘇我入鹿《そがのいるか》。学問所では当代一とうたわれ、剣《けん》のうでも立つ若者《わかもの》だ。めぐまれた才能《さいのう》と地位《ちい》と財力《ざいりょく》。ただひとつ、まちがった野望《やぼう》さえもたなかったら、すぐれた政治家《せいじか》として後世に名をのこしたかもしれなかった。

かたや、中大兄皇子《なかのおおえのおうじ》。皇極天皇《こうぎょくてんのう》の皇子《おうじ》で、明るい人がらと行動力のある青年皇族《こうぞく》。

そして、中臣鎌足《なかとみのかまたり》。みだれた世の中に心をいため、あらためようと意気ごむ。優秀《ゆうしゅう》な頭脳《ずのう》と慎重《しんちょう》な性格《せいかく》、さらにあわせもつリーダーシップ。中大兄皇子《なかのおおえのおうじ》を強力ななかまと見ぬき、着々と計画をねって

歴史《れきし》をぬりか
一大クーデター
いく。
この三人の若者《わかもの》がおりなす、改《かい》
革《かく》の大活劇《だいかつげき》である。

中《なか》臣《とみの》鎌《かま》足《たり》

(614 ～ 669年)

飛鳥《あすか》時代の政治家《せいじか》。身分の低《ひく》い役人ながら、学問にはげみ、正しい政治《せいじ》のありかたを学ぶうちに政治《せいじ》の腐敗《ふはい》に気づき、改革《かいかく》を決意する。すぐれた頭脳《ずのう》で綿密《めんみつ》な計画を立て、中大兄皇子《なかのおおえのおうじ》らとともに蘇我氏《そがし》をたおす。死後、藤原氏《ふじわらし》の姓《せい》をもらい、藤原《ふじわら》一族の始祖《しそ》となる。

中《なかの》大《おお》兄《えの》皇《おう》子《じ》 (626 ～ 671年)

舒明天皇《じょめいてんのう》と皇極天皇《こうぎょくてんのう》のあいだの皇子《おうじ》。鎌足《かまたり》の影響《えいきょう》をうけ、政治《せいじ》の改革《かいかく》にめざめる。蘇我氏《そがし》をたおしたあとは、孝徳天皇《こうとくてんのう》の皇太子《こうたいし》として大化《たいか》の改新《かいしん》の詔《みことのり》を発し、国政《こくせい》の改善《かいぜん》につとめる。のちに天智天皇《てんじてんのう》となる。

蘇《そ》我《がの》倉《くら》山《やま》田《だの》石《いし》川《かわ》麻《ま》呂《ろ》

(生年不詳《せいねんふしょう》～ 649年)

蘇我氏《そがし》の一族で、入鹿《いるか》のいとこ。本家の筆頭《ひっとう》である入鹿《いるか》に不満《ふまん》をもち、鎌足《かまたり》たちの計画に加《くわ》わる。

人《じん》物《ぶつ》紹《しょう》介《かい》

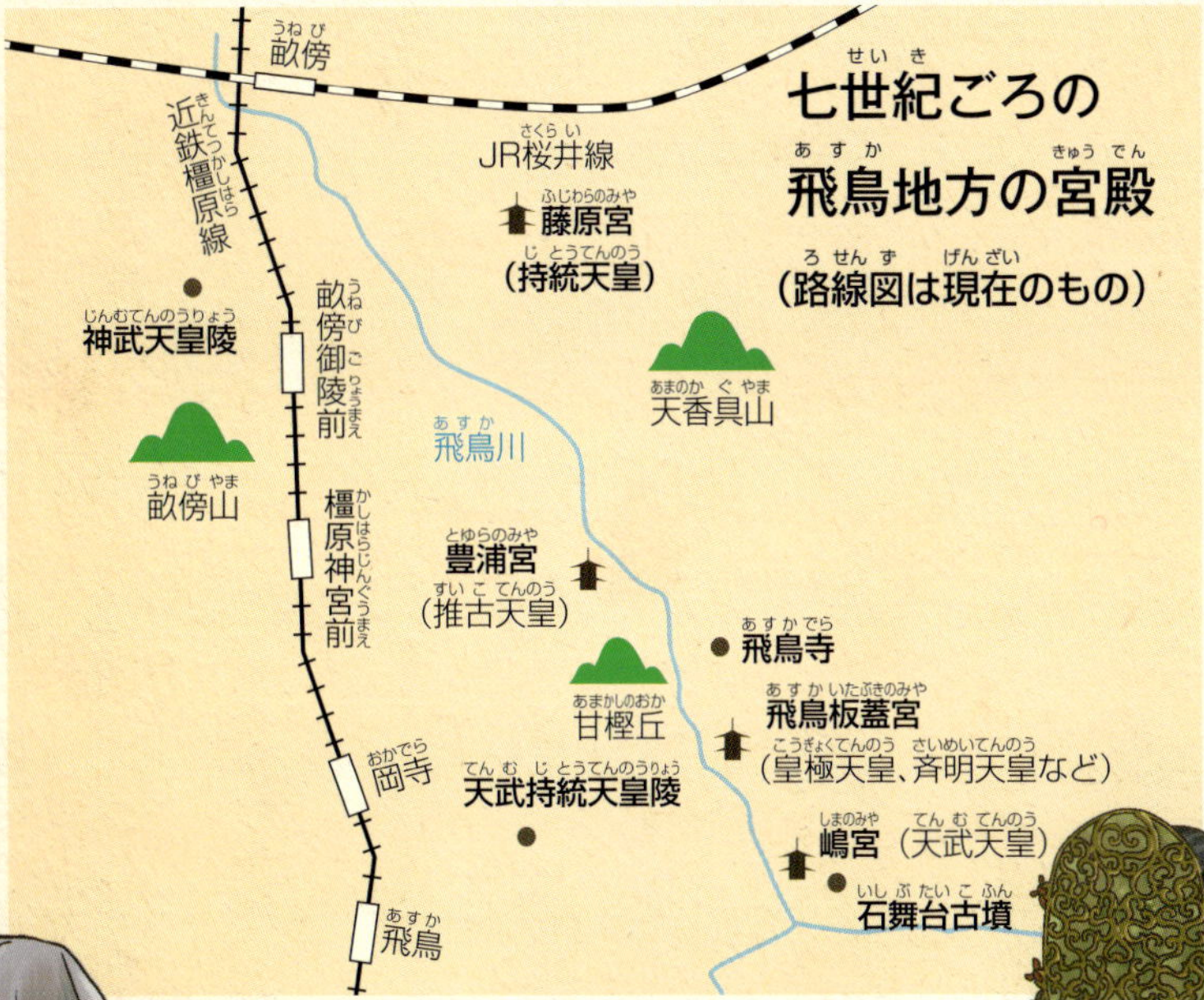

皇《こう》極《ぎょく》天《てん》皇《のう》

(594 ~ 661年)

夫《おっと》の舒明天皇《じょめいてんのう》の死後、女帝《じょてい》として即位《そくい》する。中大兄皇子《なかのおおえのおうじ》の母。蘇我氏《そがし》の横暴《おうぼう》なふるまいをにがにがしく思うが、とがめる力はない。

蘇《そ》我《がの》入《いる》鹿《か》

(生年不詳《せいねんふしょう》~ 645年)

代々権勢《けんせい》をほこる蘇我氏《そがし》の筆頭《ひっとう》。蝦夷《えみし》の子。すぐれた資質《ししつ》をもちながらも、天皇《てんのう》になりかわってこの国のすべてを支配《しはい》するという野望《やぼう》をもつ。

かたい決意

その学問所は、あたらしい知識《ちしき》を取りいれようという気迫《きはく》にみちていた。

隋《ずい》から唐《とう》へ変《か》わる激動《げきどう》の大陸《たいりく》で、留学生《りゅうがくせい》として三十年あまりも学んできた学者の塾《じゅく》である。国がほろびるとはどういうことか、またあたらしい国に取ってかわる時のありさまがどんなものか、じっさいの目で見た者だけに分かるたしかな話をきくことができた。さらに、現在《げんざい》の唐《とう》の国のすすんだ社会のしくみ、法律《ほうりつ》によってととのえられた政治《せいじ》のありかたなど、それは心がふるいたつような有意義《ゆういぎ》な話である。これからのこの国をせおっていこうという若者《わかもの》たちは、目をかがやかせて、この講義《こうぎ》にききいった。

講義《こうぎ》が終わり、中臣鎌足《なかとみのかまたり》が外へ出ると、まっ先に蘇我入鹿《そがのいるか》が目に入った。

入鹿《いるか》は、りっぱな体格《たいかく》の体をぐうんとそらしてのびをすると、まわりの者にいった。

「さて、馬の遠のりでも行くか！」

そして、こっちをふりむいた。

「鎌足《かまたり》、おまえは？」

大らかな性格《せいかく》の入鹿《いるか》は、身分ちがいの鎌足《かまたり》にも、気軽に声をかける。

「いや、わたしは……。」

「そうか、まだこれから勉強か。鎌足《かまたり》はまじめだからな。」

入鹿《いるか》は皮肉《ひにく》な口ぶりでもなくそういうと、いつものとりまきや家来《けらい》たちにかこまれて、にぎやかな笑《わら》い声を上げて帰っていった。

この学問所きっての秀才《しゅうさい》であり、いまを時めく蘇我氏《そがし》の長男、しかもその若《わか》さで大臣《おおおみ》である。彼《かれ》のまわりには、つねにきらびやかな光があふれていた。

その後ろすがたを見おくりながら、鎌足《かまたり》の心のなかには、これまで何度もくりかえしつぶやいたことばが、またわきあがってきた。

「このままでは、この国は蘇我氏《そがし》のものになってしまう。この国は、天皇《てんのう》がおさめる国のはずではなかったのか。」

鎌足《かまたり》は、いまの世の中を思うにつけ、残念《ざんねん》でならない。昔、聖徳太子《しょうとくたいし》がとなえてつくりあげようとしていた、天皇《てんのう》を中心とし、規律《きりつ》にまもられた国家。いまは、それとは大ちがいだ。いつのまにかまた、蘇我氏《そがし》が天皇《てんのう》をしのぐような力をもち、政治《せいじ》を思いのままにうごかしている。

「あの、かつての理想の国家はどこへ行ったのか。」

鎌足《かまたり》はいま、ひとつの思いに心をとらえられていた。

「この国をまもらねばならない！　そのためには……。」

聖徳太子《しょうとくたいし》のなきあと、蘇我氏《そがし》のふるまいは、目にあまるものがあった。入鹿《いるか》の父、蘇我蝦夷《そがのえみし》は、先の天皇《てんのう》と自分の妹とのあいだに生まれた古人大兄皇子《ふるひとのおおえのおうじ》を皇太子《こうたいし》にするため、入鹿《いるか》とくんで、聖徳太子《しょうとくたいし》の子、山背大兄王《やましろのおおえのおう》をせめ、一族を自殺《じさつ》に追いこんだ。

それからの蘇我氏《そがし》は、しだいにだいたんな行動に出るようになった。

年を取ってじゅうぶんなはたらきができなくなったと思ったのか、蝦夷《えみし》は自分がかぶる紫《むらさき》の冠《かんむり》を、息子の入鹿《いるか》にゆずりわたした。それは大臣《おおおみ》だけにゆるされた冠《かんむり》である。冠《かんむり》をゆずることは、すなわち大臣《おおおみ》の位《くらい》をゆずること、本来は、天皇《てんのう》がおこなうべき大臣《おおおみ》の任命《にんめい》を、個人《こじん》でかってにおこなったということになる。そのふるまいは、天皇《てんのう》の権限《けんげん》を無視《むし》し、立場をないがしろにした行動であった。おごり高ぶっているとみなされるのはとうぜんであった。

さらに、現在《げんざい》の天皇《てんのう》、皇極天皇《こうぎょくてんのう》のいる板蓋宮《いたぶきのみや》を見おろす位置《いち》に、壮大《そうだい》な屋敷《やしき》を建《た》てた。臣《しん》下《か》である者が、天皇《てんのう》を見おろしているということは、当時の常識《じょうしき》ではぶれい千万《せんばん》、ふとどきな行為《こうい》であった。しかも、その屋敷《やしき》を自分で御門《みかど》とよび、まわりにもそう強制《きょうせい》した。御門《みかど》といういいかたは、まるで天皇《てんのう》の住まいであるかのようにきこえた。

「蘇我氏《そがし》は、天皇《てんのう》になりかわるつもりじゃないのか？」

「いやもう、自分が天皇《てんのう》だと思ってるにちがいない。」

まわりでは、そんな声がふつふつとわきあがっていた。

「蘇我《そが》のふるまい、まことにこまったことよのう。」

皇極天皇《こうぎょくてんのう》もまゆをひそめるものの、女帝《じょてい》でもあり、蘇我氏《そがし》を前にして、とがめるだけの力はなかった。

蘇我氏《そがし》をたおし、この国に規律《きりつ》と正しい政治《せいじ》を取りもどす。

その気高い理想にもえる鎌足《かまたり》であったが、ひとつだけ心にひっかかるものがある。それは、入鹿《いるか》を心からにくめないことであった。

豊《ゆた》かな家庭で何不自由《なにふじゆう》なくそだった入鹿《いるか》は、大らかで明るく、ものごとにこだわらないところがある。

以前《いぜん》、役所の仕事が長びき、鎌足《かまたり》がぎりぎりで学問所にかけつけたことがあった。見わたすと、席《せき》はすべてうまっていて、すわるところがない。すると、入鹿《いるか》が体をずらして、自分の席《せき》のとなりをあけてくれたのだ。

「おい、ここにすわれるぞ。」

少しもわざとらしさのない、こまっている者がいたから自然《しぜん》にそうしたという態度《たいど》であっ

た。

鎌足《かまたり》は、だまっておじぎしてとなりにすわった。うれしいおどろきであった。身分の低《ひく》い役人の自分に、大臣《おおおみ》である入鹿《いるか》がそんなことをしてくれようとは、思いもよらなかった。それに加《くわ》えて、学問所の師《し》に当代一と太鼓判《たいこばん》をおされたその優秀《ゆうしゅう》な頭脳《ずのう》、蓄積《ちくせき》した学問の知識《ちしき》。それを正しく政治《せいじ》に生かせば、どんなにすぐれた世の中になることか。この世から消してしまうには、おしい人物であった。

「何とかして、入鹿《いるか》を改心《かいしん》させることはできないものか……。」

鎌足《かまたり》は、最後《さいご》の賭《か》けをするつもりで、学問所の帰りに、入鹿《いるか》をまちぶせた。そして、思いきって質問《しつもん》をなげかけた。

「いきなりでしつれいだが、この国の政治《せいじ》のありかたについて、どう思われる？　つまりそのう、だれが政治《せいじ》をになっていくのがいいのかと。」

入鹿《いるか》は、ふっと鎌足《かまたり》の目を見つめ、やがてすべてを理解《りかい》したように、しずかにこたえた。

「おれは、真の実力をもつ者が、頂上《ちょうじょう》に立つべきだと思う。政治力《せいじりょく》、軍事力《ぐんじりょく》、財力《ざいりょく》、それをかねそなえた者が、ほんとうの実力者であり、政治《せいじ》の統治者《とうちしゃ》であると思う。かざり物の統治《とうち》者《しゃ》など、無意味《むいみ》だ。」

入鹿《いるか》のこたえは、自信《じしん》にみちていた。そのことばのうらには、天皇《てんのう》に成《な》りかわり自分が指《し》導者《どうしゃ》になるという意志《いし》が、はっきりとよみとれた。

「あなたの考えはわかった。しつれいします。」

鎌足《かまたり》は、しずかに頭を下げて、入鹿《いるか》の前を立ちさった。

これでこたえは出た。

入鹿《いるか》の考えのなかに、何とか希望《きぼう》を見いだそうとしてみた。そのなかに、もし少しでも話しあう余地《よち》があれば、自分の命をかけてでもせっとくしてみようというつもりであった。そう思って、あえて危険《きけん》な質問《しつもん》をしてみたのだが、こたえはあきらかであった。

「この国を救《すく》うには、やはり、たおすしかない！」

自分をふるいたたせるように強くいってみた。しかし、悲《かな》しみににた気持ちが胸《むね》のおく底《そこ》をながれていくのが、自分でもよくわかった。

入鹿《いるか》は、代々うけつがれてきた財力《ざいりょく》で、屋敷《やしき》のなかに大きな武器庫《ぶきこ》をそなえていた。そのなかには、弓や剣《つるぎ》はもちろんのこと、大陸《たいりく》からつたわった高価《こうか》な鉄の武器《ぶき》も用意しているという。

また、おおぜいの兵《へい》をあつめ、日々、訓練《くんれん》をしている。その軍隊《ぐんたい》の大きさは、まるで大陸《たいりく》へでもせめいるかのようだったと、見てきた者のうわさだった。

蘇我《そが》をたおすといっても、正面から戦《たたか》えば、ただの役人にすぎない鎌足《かまたり》には、まったくといっていいほど勝ち目はない。

「まずは、蘇我《そが》に反感をもつなかまをあつめることだ。」

さらに、鎌足《かまたり》は考えた。蘇我氏《そがし》をたおし、天皇《てんのう》の権限《けんげん》を取りもどすということの計画である。それを、世間に正しい行動とみとめさせるには、ぜひとも天皇家《てんのうけ》の人間を中心にすえなければならない。そうでなければ、ただの反乱《はんらん》になってしまう。

天皇家《てんのうけ》の人間とは……。

「あのかたしかいない。」

皇極天皇《こうぎょくてんのう》の皇子《おうじ》、中大兄皇子《なかのおおえのおうじ》である。母である皇極天皇《こうぎょくてんのう》が蘇我氏《そがし》によってただのかざり物にされていることを、身にしみて感じているはずだ。鎌足《かまたり》は近づく機会《きかい》をまった。

ある日、飛鳥寺《あすかでら》の近くでけまりの会がもよおされた。中大兄皇子《なかのおおえのおうじ》も参加《さんか》している。鎌足《かまたり》は、けまりのあいだじゅう、そのすみの木かげにじっと身をひそめていた。

「それ、行くぞ！」

中大兄皇子《なかのおおえのおうじ》は、調子よくまりをけりあげていた。ところが、何度目かにまりをけりあげたその時、皇子《おうじ》の靴《くつ》がすっぽりぬげて、鎌足《かまたり》の目の前にとんできた。

いまだ！

鎌足《かまたり》は胸《むね》の内でつぶやくと、す早く靴《くつ》をひろい、皇子《おうじ》の前にひざまずいて、さしだした。

おどろいたのは、皇子《おうじ》もひざまずいて靴《くつ》をうけとったことである。

「ありがとう。そなたの名前は？」

「中臣鎌足《なかとみのかまたり》と申します。」

こうでもしなければ、身分ちがいの皇子《おうじ》と口をきくこともなかっただろう。

これを機会《きかい》に、皇子《おうじ》としたしく話をするようになった。十九才の若《わか》さながらも誠実《せいじつ》な人がらと積極的《せっきょくてき》なものの考えかたに、鎌足《かまたり》はこのかたは信頼《しんらい》がおけると確信《かくしん》をもった。

皇子《おうじ》のほうもまた、唐《とう》の社会のしくみや学問の話などをたびたび鎌足《かまたり》にさいそくし、政治《せいじ》のありかたを真剣《しんけん》に考えるようになった。

鎌足《かまたり》は、時を見て、計画をうちあけた。

「入鹿《いるか》は天皇《てんのう》の座《ざ》をうばい、この国を自分のものにしようとしています。このままでは、国はほろんでしまいます。蘇我氏《そがし》をたおし、権限《けんげん》を天皇《てんのう》の手に取りもどさねばなりません。思いを同じくする者はほかにもきっといるはず。それらを結集《けっしゅう》して、皇子《おうじ》にはこの計画の指導《しどう》者《しゃ》となっていただきたいのです。」

「わたしもかねがね、それを思っていた。危険《きけん》な賭《か》けではあるが、そなたとならできるかもしれない。」

皇子《おうじ》は真剣《しんけん》なまなざしで鎌足《かまたり》の目を見つめ、手を取って、しっかりとうなずいた。

鎌足《かまたり》はこの時、かたくにぎりあった手と同じく、皇子《おうじ》の心ともきつくむすびあわさったような気がした。


鎌足《かまたり》は、つぎに、蘇我倉山田石川麻呂《そがのくらやまだのいしかわまろ》に目をつけた。入鹿《いるか》のいとこにあたる男で、同じ蘇《そ》我《が》の一族ながら、入鹿《いるか》に不満《ふまん》をもっているときいている。

石川麻呂《いしかわまろ》は、各地《かくち》からのみつぎ物をうけつけ、記録《きろく》し、しわけする仕事についているが、そのなかのいくらかは自分のものにし、かなりうるおった暮《く》らしをしていたらしい。それが、その取りぶんを蘇我《そが》本家にまわすように命令《めいれい》された。ことわればその仕事そのものもなくなるとなれば、いやおうなしにいうとおりにするしかない。そのことで、かなり不満《ふまん》をいだいているという。

鎌足《かまたり》の作戦《さくせん》は巧妙《こうみょう》だった。

「え！　中大兄皇子《なかのおおえのおうじ》さまとわたしの娘《むすめ》の縁組《えんぐみ》ですと？」

石川麻呂《いしかわまろ》は、おどろきながらもよろこびをかくせないでいた。何しろいつか天皇《てんのう》になるかもしれない人との縁組《えんぐみ》である。もしかしたら、将来《しょうらい》は天皇《てんのう》の義父《ぎふ》ということもありうるのだ。

「そ、それはもう、ぜひ、話をおすすめくだされ。」

石川麻呂《いしかわまろ》は、よろこびに身をふるわせながらこたえた。

話は順調《じゅんちょう》にすすみ、いよいよ本ぎまりになったころを見はからって、鎌足《かまたり》は蘇我氏《そがし》をたおす計画をうちあけた。

今度もまた、石川麻呂《いしかわまろ》はふるえた。

「はあ、それは……また、何と……。」

前とはちがって、恐《おそ》ろしさゆえのふるえであった。

不満《ふまん》をもってはいても、立ちむかっていくにはあまりにも大きな相手である。あの強力な蘇我《そが》をたおすなどと、はたしてそんなことが成功《せいこう》するものやら。失敗《しっぱい》はすなわち死ぬこと、家族もろともにである。

しかし、中大兄皇子《なかのおおえのおうじ》と娘《むすめ》の縁組《えんぐみ》がきまったからには、もうあとへはひけない。石川麻呂《いしかわまろ》は青ざめながら、くるしそうにこたえた。

「お、およばずながら、協力《きょうりょく》いたそう。」

鎌足《かまたり》の信頼《しんらい》のおける家来《けらい》、網田《あみた》と子麻呂《こまろ》を加《くわ》え、計画は五人で決行することになった。鎌《かま》足《たり》は、じっくりと考え、綿密《めんみつ》な計画をねりあげていった。

その時

中大兄皇子《なかのおおえのおうじ》のもとに、全員があつめられた。

「これから、例《れい》の計画のことについて、皇子《おうじ》から説明《せつめい》がある。」

鎌足《かまたり》が主としてねりあげた計画ではあったが、あえて皇子《おうじ》の口からつたえさせることにした。なかまのあいだでも、この計画は皇子《おうじ》が主体になって起こす行動であるという意識《いしき》をもつためだ。

「いいか、いよいよ明日《あす》がその日だ。板蓋宮《いたぶきのみや》で、朝鮮《ちょうせん》半島の三国からのみつぎ物をうける儀《ぎ》式《しき》がある。そこで入鹿《いるか》をやる。」

皇子《おうじ》のことばに、石川麻呂《いしかわまろ》が目をむいた。

「ええっ、天皇《てんのう》の目の前で、ですか？」

「やむをえない。屋敷《やしき》はあのようにかたく警護《けいご》されているし、出あるく時も、入鹿《いるか》にはつねに警備《けいび》の者がついている。しかし、天皇《てんのう》の御前《ごぜん》での儀式《ぎしき》の時だけは、警備《けいび》の者は入れない。ひとりになるのは、その時しかないのだ。」

石川麻呂《いしかわまろ》は、しぶしぶながらもなっとくするしかない。

「網田《あみた》と子麻呂《こまろ》、おまえたちにこの剣《つるぎ》をわたしておく。これで入鹿《いるか》に切りかかるのだ。」

「あ、あのう……。」

網田《あみた》がおそるおそるたずねた。

「入鹿《いるか》さまは、名だたる剣《つるぎ》の使い手。わたくしごとき者が、立ちむかえましょうか。」

「安心するがいい。入鹿《いるか》は剣《つるぎ》をもってはいない。……ということだな、鎌足《かまたり》。」

皇子《おうじ》は、鎌足《かまたり》に助けを求《もと》めるようにふりむいた。

「はい、道化《どうけ》役者がことばたくみにいいくるめ、入り口で入鹿《いるか》の剣《つるぎ》をあずかることになっております。」

「それならば何とかなりましょうが……。」

網田《あみた》と子麻呂《こまろ》は、自信《じしん》なさそうではあるが、剣《つるぎ》をうけとった。

「わたしは、わたしは、何をいたせばよいのでしょうか。」

石川麻呂《いしかわまろ》は身をせりだしてきた。不安《ふあん》の色をかくせない。

「石川麻呂《いしかわまろ》、そなたはみつぎ物にそえられた手紙をよみあげるのだ。よみあげているあいだに、網田《あみた》と子麻呂《こまろ》が入鹿《いるか》に切りかかる。鎌足《かまたり》は後ろで弓を用意して、もしもの時にそなえている。これですべてだ。みんな、いいな！」

「ははあ。」

それぞれ不安《ふあん》や闘志《とうし》を胸《むね》にひめ、深々と頭を下げた。

六四五年六月十二日。その日は雨だった。

板蓋宮《いたぶきのみや》は、朝鮮《ちょうせん》半島の三国、高句麗《こうくり》、新羅《しらぎ》、百済《くだら》からの使者をむかえて、緊張《きんちょう》した雰囲気《ふんいき》にみたされていた。

一段《いちだん》高くなったおくのすだれのなかには、皇極天皇《こうぎょくてんのう》がすでにおでましになり、そのそばに古人大兄皇子《ふるひとのおおえのおうじ》もひかえている。そしてそのすだれの前には三国からの使者がならび、左右にはおもだった役人がならんでいる。左のいちばん前の入鹿《いるか》の場所だけが、まだ空席《くうせき》であった。

鎌足《かまたり》はついたてのかげから、中大兄皇子《なかのおおえのおうじ》にす早く視線《しせん》をおくる。皇子《おうじ》はその視線《しせん》をうけて、かすかにうなずく。網田《あみた》と子麻呂《こまろ》もどこかに身をひそめているらしい。

用意はすべてととのった。

その時、入り口の向こうで、にぎやかな笑《わら》い声がした。道化《どうけ》役者が大げさな身ぶり手ぶりで、入鹿《いるか》をわらわせている。その後、道化《どうけ》役者が何といったものか、入鹿《いるか》がきげんよくわらいながら、剣《つるぎ》を役者にわたしているのが見えた。

手ぶらのまま、入鹿《いるか》がなかに入ってきた。

中大兄皇子《なかのおおえのおうじ》のひそかな命令《めいれい》で、板蓋宮《いたぶきのみや》の十二の門はすべてとじられている。

入鹿《いるか》が席《せき》につくと、石川麻呂《いしかわまろ》がおもむろに出てきて、手紙をよみはじめた。

石川麻呂《いしかわまろ》の顔色は青ざめ、声もいくぶんふるえている。入鹿《いるか》が不審《ふしん》そうに、石川麻呂《いしかわまろ》を見ている。

入り口とは反対の、天皇《てんのう》が出入りするとびらのかげでは、網田《あみた》と子麻呂《こまろ》がたがいに身をゆずりあっていた。

「おい、はじまったぞ。出ていかなくては！」

石川麻呂《いしかわまろ》が手紙をよみあげているあいだに、とびだし、入鹿《いるか》に切りかかることになっているのだ。

「分かってはいるが、何ぶん、足がうごかないのだ！」

ふたりとも、緊張《きんちょう》のあまり、今朝《けさ》は食事ものどをとおらなかった。

石川麻呂《いしかわまろ》のよみあげはまだつづいている。

「こ、こ、このたび、……、このたび、……。」

石川麻呂《いしかわまろ》は、汗《あせ》びっしょりで、ガタガタふるえだした。網田《あみた》と子麻呂《こまろ》の切りこみがなかなかはじまらず、あせりも加《くわ》わってきたのであろう。

入鹿《いるか》が立ちあがり、けわしい目でぎろりとにらんだ。

「何をそんなにふるえているのだ、石川麻呂殿《いしかわまろどの》。」

「あ、いや、その……、あまりにも天皇《てんのう》のおそば近くにいるため、おそれ多くて……。」

石川麻呂《いしかわまろ》はしどろもどろになっている。

とびらのかげにいるふたりの後ろに、中大兄皇子《なかのおおえのおうじ》があわただしく近づいた。そして声をひそめ、きびしい表情《ひょうじょう》でいった。

「おそれるな！　行け！」

その声におされるようにして、ふたりはとびだした。

「やあー！」

「な、何だ！」

その場は騒然《そうぜん》となった。使者や役人たちはちりぢりににげまどう。

剣《つるぎ》をつきつけられた入鹿《いるか》は、それをはねかえすようなするどい目つきでふたりをにらんで、さけんだ。

「ふとどき者め！　切れるものなら、切ってみろ！」

鋼《はがね》もわれるほどの大声にひるんだのか、網田《あみた》と子麻呂《こまろ》もぴたりと動きをとめ、石のようにかたまってしまった。入鹿《いるか》の気迫《きはく》に、完全《かんぜん》に負けてしまっている。

その時だ。

「ひるむでないー！」

さけび声とともに、中大兄皇子《なかのおおえのおうじ》がおどりでた。そして、剣《つるぎ》を大きくふりかざし、入鹿《いるか》に突《とっ》進《しん》してきた。

皇子《おうじ》の剣《つるぎ》が、入鹿《いるか》の肩《かた》を、がっとするどく切りさく。そして、もう一歩ふみこみ、剣《つるぎ》は腹《はら》のあたりをついた。

「う、うう～！」

入鹿《いるか》は深手をおいながらも、皇極天皇《こうぎょくてんのう》のいるすだれのところまで必死《ひっし》にはいよった。

「謀反《むほん》です！　わたくしが何をしたというのでしょう！　どうか、おさばきを！」

皇極天皇《こうぎょくてんのう》は立ちあがり、たずねた。

「これは、いったい、何ごとですか！」

中大兄皇子《なかのおおえのおうじ》も負けじとさけぶ。

「申しあげます！　入鹿《いるか》は天皇《てんのう》の位《くらい》をうばおうとたくらんでおります！　このような男をゆるすわけにはまいりません！」

それをきくと、皇極天皇《こうぎょくてんのう》はくるりと背《せ》をむけ、おくへすがたをかくしてしまわれた。無言《むごん》のうちにも、皇子《おうじ》のいうほうが正しいと思われたのかもしれなかった。

皇子《おうじ》の行動に勇気《ゆうき》づけられたのか、それまで立ちすくんでいた網田《あみた》と子麻呂《こまろ》も、剣《つるぎ》をふりかざしてかけよった。

「網田《あみた》、行くぞ！」

「よし！」

入鹿《いるか》はよろめきながらも、最後《さいご》の力をふりしぼり、必死《ひっし》で入り口のほうへ行こうとしている。

網田《あみた》と子麻呂《こまろ》は、剣《つるぎ》を腹《はら》の前につきだすようにもちかえ、雄《お》たけびを上げながら、入鹿《いるか》に体当たりした。

「うおーっ！」

ふたりの剣《つるぎ》のどちらが最後《さいご》のとどめをさしたか、さだかではなかった。しかし、ぐうっとおしころした声を最後《さいご》に、入鹿《いるか》はあおむけにたおれ、中庭につづく階段《かいだん》をころげおちた。そしてそのままうごかなくなった。

ふりしきる雨が、入鹿《いるか》の体からながれでる血をたちまちのうちに、あたりにひろげていく。

すべては終わった。

鎌足《かまたり》と中大兄皇子《なかのおおえのおうじ》は、無言《むごん》でうなずきあった。

やがて、さわぎもおさまり、人々が去ったころ、鎌足《かまたり》はひとり中庭に出ていった。

入鹿《いるか》は、雨ざらしになったまま、すておかれている。

鎌足《かまたり》は、入鹿《いるか》のそばまでくると、もってきたむしろを入鹿《いるか》の体にかぶせた。そして、そっと目をつぶった。

その目からにじみでたなみだは雨がながしさり、だれも気づくことはなかった。

この道のはて

「なんだと？　入鹿《いるか》がころされただと？　そんな、まさか……。」

知らせをうけた蝦夷《えみし》は、あまりにもとつぜんのことに、なすすべを知らなかった。

「すぐに兵《へい》を出し、中大兄皇子《なかのおおえのおうじ》と鎌足《かまたり》を討《う》つべきです！」

「一族を結集《けっしゅう》して、せめいりましょう！」

家来《けらい》たちにあおられて、蝦夷《えみし》はやっと腰《こし》を上げる気になった。

「そうじゃ、すぐに、すぐに、兵《へい》をあつめよ！　戦《いくさ》じゃ！」

しかし、じっさいに兵《へい》をあつめようとして声をかけると、配下の者も一族の者も、多くはあつまらなかった。

「いったい、これはどうしたことか……。」

それにはわけがあった。

ことをなしたあとすぐに、鎌足《かまたり》と中大兄皇子《なかのおおえのおうじ》は、蘇我氏《そがし》の一族や配下のおもだった者のところへかけつけ、せっとくにあたった。今回の事件《じけん》の真相を説明《せつめい》し、その意義《いぎ》をとなえ、こちらのがわにつくようにとうったえたのである。

このできごとの目的《もくてき》を真に理解《りかい》し、国の将来《しょうらい》を考えてのことか、あるいは入鹿《いるか》なきあと、年おいた蝦夷《えみし》しかいない蘇我氏《そがし》では、そのがわについても未来《みらい》はないと判断《はんだん》したのか、話をきいた大部分の者は、中大兄皇子《なかのおおえのおうじ》のがわについてしまった。

「こうなってはもう、何をしてもむだだ。ここはいさぎよく……。」

希望《きぼう》の星であった息子をころされ、一族にも去られた蝦夷《えみし》は、よく日、自ら命をたち、広大な屋敷《やしき》に火をつけた。

ごうごうともえさかる火は、飛鳥《あすか》の空をあかね色にそめ、絶大《ぜつだい》な権力《けんりょく》をほこった蘇我氏《そがし》の最後《さいご》をかざるにふさわしいものであった。


そのよく日、皇極天皇《こうぎょくてんのう》は位《くらい》をしりぞいた。

「母上から、つぎの天皇《てんのう》になるようにとお話があったのだが、どうしたものだろう。」

鎌足《かまたり》は、中大兄皇子《なかのおおえのおうじ》から相談をうけた。

それについては、以前《いぜん》から考えがあったらしく、鎌足《かまたり》はすぐにこたえた。

「皇子《おうじ》がいま天皇《てんのう》に即位《そくい》なされば、このたびのこと、あなたが天皇《てんのう》になりたいがために蘇我《そが》氏《し》をたおしたと、世間は考えるでしょう。これはけっして、私利私欲《しりしよく》のためにやったことではありません。世のためにやったことです。」

「それはもちろんそうだ。」

「皇子《おうじ》は、いずれは天皇《てんのう》となるべきおかたではありますが、いまはまだ皇太子《こうたいし》として機会《きかい》をまち、自由に政治《せいじ》にかかわったほうがよいと思われます。」

すじのとおったそのこたえに、中大兄皇子《なかのおおえのおうじ》はなっとくし、天皇《てんのう》になることを辞退《じたい》した。

蘇我氏《そがし》の強力なあとおしもあって、これまで次期天皇《てんのう》の有力な候補者《こうほしゃ》であったのは、古人《ふるひとの》大兄皇子《おおえのおうじ》であった。

その古人大兄皇子《ふるひとのおおえのおうじ》は、入鹿《いるか》がころされた日、板蓋宮《いたぶきのみや》から大いそぎでにげかえった。

「門をとざせ！　だれがきても、あけるでないぞ！」

それから屋敷《やしき》にこもったまま、じっと息をひそめていた。

「今度は、わたしがころされる番かもしれない。」

蘇我氏《そがし》という後ろだてをなくしたいま、次期天皇《てんのう》どころではない。まして、馬子《うまこ》の娘《むすめ》の子であることを思えば、命をねらわれる危険性《きけんせい》もある。

古人大兄皇子《ふるひとのおおえのおうじ》はこののち、ひそかに出家して吉野《よしの》の山にこもってしまった。

そこで、皇極天皇《こうぎょくてんのう》の弟の軽皇子《かるのおうじ》が孝徳天皇《こうとくてんのう》として即位《そくい》した。

そしてこの時、唐《とう》の制度《せいど》にならって、これまでなかった年号というものがさだめられた。大化《たいか》という、この国最初《さいしょ》の年号である。


これまでの大臣《おおおみ》は廃《はい》され、左大臣《さだいじん》と右大臣《うだいじん》がもうけられた。そして鎌足《かまたり》は、あたらしくもうけた内臣《うちつおみ》という役職《やくしょく》についた。これは、天皇《てんのう》や皇太子《こうたいし》のそば近くにつかえ、あらゆる相談をうける役である。

また、政治《せいじ》をおこなううえで専門家《せんもんか》の意見をきくために、国博士《くにはかせ》というものがつくられた。

これには、唐《とう》の国から帰ってきた学問僧《がくもんそう》、かつての学問所の師《し》が任命《にんめい》された。

こうして体制《たいせい》がととのい、いよいよあたらしい政治《せいじ》の方針《ほうしん》づくりがはじまった。

方針《ほうしん》づくりのために用意された部屋では、たくさんの書物を前に、話しあいがすすめられていた。

「このようなしくみ、ぜひわが国でも取りいれるべきです。」

手本となるのは、唐《とう》の国の政治《せいじ》のありかたである。

ここでは、国博士《くにはかせ》の知識《ちしき》や発言が、大いに重用された。

「唐《とう》の国ではそれでよくても、わが国でそのまま通用するとはかぎらないのでは。」

「それはそうだ。わが国にもあうように手を加《くわ》えるとなると、どのあたりであろうか。」

鎌足《かまたり》、中大兄皇子《なかのおおえのおうじ》を中心として、論議《ろんぎ》はえんえんとつづき、まとまった事項《じこう》はつぎつぎとかきとめられていった。

あたらしい国づくりの方針《ほうしん》は、多くの知恵《ちえ》と経験《けいけん》をふまえ、理想の国家を目標《もくひょう》に、ねりあげられていったのである。


それまで飛鳥《あすか》の板蓋宮《いたぶきのみや》にあった宮殿《きゅうでん》は、孝徳天皇《こうとくてんのう》の即位《そくい》により、難波《なにわ》にうつされていた。

よく年の六四六年の元旦《がんたん》、まだ木のかおりもただようあたらしい難波《なにわ》の宮殿《きゅうでん》で、これからの政治《せいじ》の方針《ほうしん》が発表された。

「わが国の土地と民《たみ》を、すべて公地公民《こうちこうみん》とする。これまで天皇家《てんのうけ》や豪族《ごうぞく》が所有し、支配《しはい》していた土地や民《たみ》を、国、すなわち天皇《てんのう》がじきじきに支配《しはい》するということである。豪族《ごうぞく》や役人には、天皇《てんのう》から、あらためて、土地があたえられる。」

「天皇《てんのう》が、じきじきに都や国々を支配《しはい》するためのあたらしい制度《せいど》をさだめる。都の近くの国々には国司《こくし》や郡司《ぐんじ》をおき、都から遠くはなれたところにも、都から役人をつかわし、軍隊《ぐんたい》を派遣《はけん》する。これで、天皇《てんのう》の支配《しはい》は、国のすみずみまでいきわたることになる。」

「国じゅうの民《たみ》の一軒《いっけん》ごとに、家族の名前や性別《せいべつ》、年齢《ねんれい》をしるした戸籍《こせき》をつくる。そして、その男女の別《べつ》、年齢《ねんれい》におうじて、きまった広さの水田をかしあたえる。これをうけて民《たみ》は、一定の税《ぜい》をおさめることになる。」

「あたらしい税《ぜい》の制度《せいど》をもうける。水田の収穫《しゅうかく》にかかる税《ぜい》であるところの租《そ》。そして、きまった日数、国のためにはたらく義務《ぎむ》であるところの庸《よう》。さらに、織物《おりもの》や海産物《かいさんぶつ》など、地方の特産物《とくさんぶつ》を税《ぜい》としておさめる、調《ちょう》というもの。この租《そ》、庸《よう》、調《ちょう》という三種《さんしゅ》の税《ぜい》である。」

孝徳天皇《こうとくてんのう》の名のもとに発表されたこの四か条《じょう》からなる項目《こうもく》を、改新《かいしん》の詔《みことのり》という。そして、蘇我氏《そがし》の滅亡《めつぼう》からはじまり、この詔《みことのり》を実現《じつげん》していく過程《かてい》を大化《たいか》の改新《かいしん》とよんだ。

こうして、天皇《てんのう》を中心とする国家のしくみの骨組《ほねぐ》みができあがっていったのである。

「さて、ほんとうの仕事は、これからがはじまりだな。」

「皇子《おうじ》は、さすがによくおわかりです。りっぱな詔《みことのり》はできあがりましたが、それが実現《じつげん》できてこそ、大化《たいか》の改新《かいしん》の完成《かんせい》といえましょう。」

海に近い難波《なにわ》の宮殿《きゅうでん》には、ときおり潮《しお》のかおりがただよってくる。

中大兄皇子《なかのおおえのおうじ》と鎌足《かまたり》は、めずらしくあきができたつかのまの時を、庭の散策《さんさく》にあてていた。

しかし、話すことといえば、やはりこれからの国の行くすえのことばかりである。

「公地公民《こうちこうみん》のひとつを考えてみても、豪族《ごうぞく》たちがこれまで所有していた土地を、あっさりと天皇《てんのう》にかえすとは思われません。また、戸籍《こせき》をつくるといっても、この広い国じゅうの一人ひとりを調べあげ、記録《きろく》していくには、たいへんな時間がかかるでしょう。」

「それでも、われわれはやるしかない！　そうだな、鎌足《かまたり》。」

中大兄皇子《なかのおおえのおうじ》の希望《きぼう》にみちた明るい声が、鎌足《かまたり》の胸《むね》にこころよくひびいた。

「はい、目的《もくてき》がたっせられるまで、あゆみつづけるしかありません。」

「鎌足《かまたり》、そなたはどこまでも、わたしについてきてくれるであろうな。」

中大兄皇子《なかのおおえのおうじ》は、あの時と同じように、鎌足《かまたり》の手をしっかりとつかんでいった。

「はい、申すまでもなく。」

鎌足《かまたり》もしっかりとにぎりかえし、心をひとつにした。

中大兄皇子《なかのおおえのおうじ》は、のちに天智天皇《てんじてんのう》となる。

中臣鎌足《なかとみのかまたり》は、つねにそのそばにあり、政治《せいじ》をおこなううえで大事なかたうでとなってささえつづけた。

さらに鎌足《かまたり》は、その死後、天智天皇《てんじてんのう》より藤原《ふじわら》という姓《せい》をあたえられ、のちに繁栄《はんえい》する藤原《ふじわら》氏《し》の始祖《しそ》となったのである。

もっと知りたい!

大化《たいか》の改新《かいしん》

大化《たいか》の改新《かいしん》の時代にかかわる資料館《しりょうかん》やゆかりの場所などを紹介《しょうかい》します。歴史《れきし》の知識《ちしき》も深まるよ！

大阪歴史博物館《おおさかれきしはくぶつかん》

飛鳥《あすか》時代、この博物館《はくぶつかん》が建《た》つ敷地《しきち》に難波長柄豊碕宮《なにわのながらのとよさきのみや》があった。中大兄《なかのおおえの》王子《おうじ》が企画《きかく》し、孝徳天皇《こうとくてんのう》の皇居《こうきょ》となった宮で、日本ではじめての本格《ほんかく》的《てき》な首都の宮殿建築《きゅうでんけんちく》とされる。地下一階《かい》の展示《てんじ》では、発見された宮の跡《あと》の実物をガイドツアーによって見学することができる。

〒540-0008
大阪《おおさか》市中央《ちゅうおう》区大手前《おおてまえ》4丁目1-32
☎06-6946-5728

飛鳥寺《あすかでら》（法興寺《ほうこうじ》）

蘇我馬子《そがのうまこ》が建立《こんりゅう》した日本で最初《さいしょ》の本格的《ほんかくてき》な仏教寺院《ぶっきょうじいん》。中大兄王子《なかのおおえのおうじ》と中《なか》臣鎌足《とみのかまたり》は、この飛鳥寺《あすかでら》の境内《けいだい》で出会い、したしくなったと『日本書紀《にほんしょき》』にある。また、蘇我入鹿《そがのいるか》の墓《はか》とされる首塚《くびづか》がある。

〒634-0103
奈良《なら》県高市郡《たかいちぐん》明日香《あすか》村飛鳥《あすか》682
☎0744-54-2126

飛鳥板蓋宮跡《あすかいたぶきのみやあと》

飛鳥板蓋宮《あすかいたぶきのみや》は、大化《たいか》の改新《かいしん》の幕《まく》あけとなる蘇我入鹿《そがのいるか》暗殺《あんさつ》がおこなわれた場所。現在《げんざい》は井戸のあとを中心に、石敷《いしじき》などが復元整備《ふくげんせいび》されている。

〒634-0111
奈良《なら》県明日香《あすか》村岡《おか》
☎0744-54-5600
（明日香《あすか》村文化財《ぶんかざい》課）

談山《たんざん》神社

中大兄王子《なかのおおえのおうじ》と協力《きょうりょく》して大化《たいか》の改新《かいしん》をおこなった、藤原《ふじわら》（中臣《なかとみの》）鎌足《かまたり》をまつる神社。木造《もくぞう》の鎌足《かまたり》像《ぞう》がある。

〒633-0032
奈良《なら》県桜井《さくらい》市多武峰《とうのみね》319
☎0744-49-0001

御廟野古墳《ごびょうのこふん》

天智天皇《てんじてんのう》となった中大兄王子《なかのおおえのおうじ》の墓《はか》だとされ、「天智天皇山科陵《てんじてんのうやましなのみささぎ》」ともよばれる古墳《こふん》。現在《げんざい》は宮内庁《くないちょう》の管理《かんり》下《か》にある。

〒607-8425
京都《きょうと》府《ふ》京都《きょうと》市山科《やましな》区御陵上《みささぎかみ》御廟野《ごびょうの》町
☎075-541-2331（宮内庁月輪陵墓監区事務所《くないちょうつきのわりょうぼかんくじむしょ》）

おすすめの本

- 『ミネルヴァ日本歴史人物伝《れきしじんぶつでん》　中大兄皇子《なかのおおえのおうじ》』ミネルヴァ書房《しょぼう》　２０１１年刊行《かんこう》
- 『ＮＨＫにんげん日本史《にほんし》　中大兄皇子《なかのおおえのおうじ》と藤原鎌足《ふじわらのかまたり》　大化《たいか》の改新《かいしん》のちかい』理論社《りろんしゃ》　２００４年刊行《かんこう》

古代編《こだいへん》 年表

◉年表には、この巻《かん》で取りあげた時代のできごとをまとめています。
◉本編《ほんぺん》に出てくるできごとは太字でかかれています。

西暦《せいれき》	おもなできごと
一八九？	**・卑弥呼《ひみこ》が邪馬台国《やまたいこく》の女王になり、国どうしのあらそいをしずめる。**
二三九	**・卑弥呼《ひみこ》が魏《ぎ》の国へ使者難升米《ナシメ》をおくる。魏《ぎ》から「親魏倭王《しんぎわおう》」の称号《しょうごう》と、金印《きんいん》、銅鏡《どうきょう》百枚《まい》などをあたえられる。**
二四五	・倭《わ》の難升米《ナシメ》が、魏《ぎ》より軍旗《ぐんき》を、帯方郡《たいほうぐん》をとおしてあたえられる。
二四七	**・卑弥呼《ひみこ》、魏《ぎ》につかいをおくり、狗奴《クナ》国との戦《たたか》いについて知らせる。**
二四八	**・卑弥呼《ひみこ》、没《ぼっ》する。このころ、軍旗《ぐんき》が倭国《わこく》にとどく。** **・台与《トヨ》が邪馬台国《やまたいこく》の女王となる。**
五七四	**・厩戸《うまやど》の皇子《おうじ》（聖徳太子《しょうとくたいし》）生まれる。**

西暦《せいれき》	おもなできごと
六一八	・中国の隋《ずい》がほろび、唐《とう》がおこる。
六二〇	**・太子《たいし》、蘇我馬子《そがのうまこ》とともに『天皇記《てんのうき》』『国記《こっき》』をまとめる。**
六二二	**・聖徳太子《しょうとくたいし》、斑鳩宮《いかるがのみや》で亡《な》くなる。**
六二六	・中大兄皇子《なかのおおえのおうじ》が生まれる。
六四二	・中大兄皇子《なかのおおえのおうじ》の母が皇極天皇《こうぎょくてんのう》として即位《そくい》する。
六四三	**・蘇我入鹿《そがのいるか》が聖徳太子《しょうとくたいし》の子、山背大兄王《やましろのおおえのおう》をおそい、自殺《じさつ》させる。**
六四四	・中大兄皇子《なかのおおえのおうじ》、蘇我倉山田石川麻呂《そがのくらやまだのいしかわまろ》の娘《むすめ》と結婚《けっこん》する。
六四五	**・六月、中大兄皇子《なかのおおえのおうじ》、中臣鎌足《なかとみのかまたり》らと蘇我入鹿《そがのいるか》を暗殺《あんさつ》。孝徳天皇《こうとくてんのう》が即位《そくい》し、年号《ねんごう》を「大化《たいか》」とさだめる。** **・十二月、都が難波長柄豊碕宮《なにわのながらのとよさきのみや》にうつされる。**

五八五	・崇仏派《すうぶつは》の蘇我氏《そがし》と廃仏派《はいぶつは》の物部氏《もののべし》の対立がはげしくなる。厩戸《うまやど》の皇子《おうじ》の父、用明天皇《ようめいてんのう》が即位《そくい》。
五八七	・用明天皇《ようめいてんのう》がなくなる。蘇我馬子《そがのうまこ》が物部守屋《もののべのもりや》をたおし、崇峻天皇《すしゅんてんのう》が即位《そくい》。
五九二	・蘇我馬子《そがのうまこ》、崇峻天皇《すしゅんてんのう》を暗殺《あんさつ》。推古天皇《すいこてんのう》が即位《そくい》する。
五九三	・聖徳太子《しょうとくたいし》が推古天皇《すいこてんのう》の摂政《せっしょう》となる。
六〇三	・太子《たいし》、冠位十二階《かんいじゅうにかい》をさだめる。
六〇四	・太子《たいし》、十七条《じゅうしちじょう》の憲法《けんぽう》をさだめる。
六〇五	・太子《たいし》、斑鳩宮《いかるがのみや》にうつりすむ。
六〇七	・太子《たいし》、小野妹子《おののいもこ》を遣隋使《けんずいし》として派遣《はけん》する。法隆寺《ほうりゅうじ》をつくる。
六〇八	・ふたたび小野妹子《おののいもこ》を隋《ずい》へ派遣《はけん》。

六四六	・孝徳天皇《こうとくてんのう》、改新《かいしん》の詔《みことのり》を発表する。
六五四	・孝徳天皇《こうとくてんのう》亡《な》くなる。よく年、中大兄皇子《なかのおおえのおうじ》の母がふたたび斉明天皇《さいめいてんのう》として即位《そくい》。
六六一	・斉明天皇《さいめいてんのう》が亡《な》くなる。
六六三	・朝鮮《ちょうせん》半島の白村江《はくすきのえ》で戦《たたか》いがおこり、倭国《わこく》がやぶれる。
六六七	・都を近江大津宮《おうみおおつのみや》にうつす。
六六八	・中大兄皇子《なかのおおえのおうじ》、天智天皇《てんじてんのう》として即位《そくい》。
六六九	・中臣鎌足《なかとみのかまたり》、大織冠《たいしょくかん》の位《くらい》と藤原姓《ふじわらせい》をさずけられ、藤原氏《ふじわらし》の始祖《しそ》となる。同年、亡《な》くなる。
六七〇	・戸籍《こせき》（庚午年籍《こうごねんじゃく》）がつくられる。
六七一	・天智天皇《てんじてんのう》、近江大津宮《おうみおおつのみや》で亡《な》くなる。

◉執筆者
早野美智代 はやの みちよ
1952年、長崎県生まれ。お茶の水女子大学卒業。
主な作品に、『ママがきれいになるとあぶない』などの「りょうくんシリーズ」、『花のお江戸の恋文屋さん』、「レストラン海賊船シリーズ」、「ぶっとびおてんば姫シリーズ」などがある。創作に限らず、伝記、名作や昔話の再話なども多数。

◉協力者一覧
編集制作　株式会社アルバ
イラスト　史環
装丁・デザイン　若狭陽一
DTP協力　岸 信雄
作図協力　大畠 嗣

◉写真協力
大阪府立弥生文化博物館、佐賀県教育委員会、静岡県立登呂博物館、伊都国歴史博物館、奈良文化財研究所 飛鳥資料館、明日香村教育委員会、談山神社、宮内庁書陵部

物語で楽しむ
歴史が変わったあの一瞬1
古代編

2013年4月　初版第一刷発行
2020年4月　3刷発行
監修　平泉隆房・平泉紀房
発行者　升川和雄
発行所　株式会社教育画劇
住所　東京都渋谷区千駄ヶ谷5-17-15
電話　03-3341-3400（営業）
03-3341-1458（編集）
http://www.kyouikugageki.co.jp
振替　00150-9-29855
印刷　大日本印刷株式会社

NDC210・913/128P/22×16cm　ISBN978-4-7746-1718-3（全5冊セットコードISBN978-4-7746-1723-7）